KB262964

단·어·실·력·이·함·께·느·는

중국어 간체자 쓰기연습 330

편집부 엮음

　　이 책은 한자 문화권에 익숙한 우리가 중국어를 배우는데 있어서 다소 낯선 간체자를 익히는데 도움이 되고자 만들어 졌다. 중국어 간체자는 중국 및 세계 각지에서 쓰는 필획을 간소화 시킨 한자이다.

　　간체자라는 말 자체가 다소 어려워 보이지만 실제로 우리 생활 가운데 쓰여지는 글자도 많다. 예를 들어　國(国), 點(点), 語(语) 등은 우리가 흔히 보아온 글자들이다. 물론 이외에도 중국어의 간체자는 약 2,200자가 넘지만 실제로 많이 쓰이는 간체자는 1,000자 안팎이고 또 이 중 대부분은 부수를 간소화 시킨 글자도 상당수가 있기 때문에 크게 염려할 바는 아니다. 다만 전혀 생소한 글자도 많기 때문에 간체자의 기본 형태를 익히는 것은 중요하다고 본다.

　　또한 우리 나라 사람들은 알게 모르게 배운 한자실력 때문에 비교적 쉽게 중국어를 배울 수 있지만 우리의 한자와 형태가 다른 간체자를 볼 때 어려움을 겪게 되는 것은 당연하다.

　　처음 중국어를 배우는 사람들은 우리 나라의 한자가 중국어의 한자와 같을 것이라 생각하고 시작하지만 표기부터가 달라 중국어를 접하게 되면 어려운 4성의 발음 공부와 더불어 중국어가 점점 어렵게만 느껴질 것이다.

　　이에 중국 국가기관에서 일상 생활 용어를 중심으로 선별한 한자 가운데서 초급 수준에 해당하는 상용자를 위주로 330자를 이 책에 실었다. 그리고 그와 관련된 자주 쓰이는 단어와 각 단원마다 연습문제를 실어서 학습 효과를 높이도록 했다.

　　그리고 부록편에는 중국에서 많이 쓰이는 漢語1,000자를 빈도순으로 정리했다. 이는 ＜中国语言文字工作委员会＞와 ＜国家教育委员会＞에서 선별한 상용자 2,500자를 기준으로 한 것이다.
또한 각 글자마다 뜻과 병음을 실었기 때문에 학습하는데 도움이 되리라 본다.

◉ 일러두기

1. 본문은 병음순으로 간체자를 수록해 330자가 된다.
2. 간체자 밑에 성조와 병음, 번체자를 달아주어 비교하며 학습하는데 도움이 된다.
3. 관련 상용 단어를 각 간체자 별로 2개 이상씩 달아주어 연관학습에 도움이 된다.
4. 각 단원별로 연습 문제를 실어서 반복 학습에 도움이 된다.
5. 번체자가 아닌 글자는 ⑪표시를 해서 이체자 임을 표시했다.

아무쪼록 기초부터 탄탄히 중국어를 공부해서 여러분의 계속되는 학습에 도움이 되기를 바란다.

편집부

차 례

<中国语言文字工作委员会>와 <国家教育委员会>에서 선별한 2,500 자 중 수록.

간체자쓰기

병 음 순

爱 ài 사랑하다 애 愛	丆 丷 丷 丷 爱	· 爱好　àihǎo　멋을 내다 　　　 àihào　애호하다／취미 · 爱人　àirén　남편 또는 부인
	爱　爱　爱　爱　爱　爱　爱　爱　爱　爱	

碍 ài 방해하다 애 礙	石 矶 碍 碍 碍	· 碍手　àishǒu　방해가 되다 · 妨碍　fángài　지장, 방해가 되다
	碍　碍　碍　碍　碍　碍　碍　碍　碍　碍	

摆 bǎi 열다 파 擺	扌　护　捏　摆　摆	·摆 bǎi 벌여놓다, 진술하다 ·摆头 bǎitóu 머리를 흔들다
	摆　摆　摆　摆　摆　摆　摆　摆　摆　摆	

办 bàn 힘쓰다 판 辦	丁　力　办　办	·办 bàn 처리하다, 운영하다 ·办法 bànfǎ 방법 ·办公室 bàngōngshì 사무실
	办　办　办　办　办　办　办　办　办　办	

帮 bāng 돕다 방 幫	丰　丰阝　邦　帮　帮	·帮忙 bāngmáng 돕다, 원조하다 ·帮助 bāngzhù 돕다
	帮　帮　帮　帮　帮　帮　帮　帮　帮　帮	

宝 bǎo 보배 보 寶	宀　宀　宁　宝　宝	·宝贝 bǎobèi 보배 ·宝石 bǎoshí 보석
	宝　宝　宝　宝　宝　宝　宝　宝　宝　宝	

报 **bào** 알리다 보 報	扌 扩 护 报 报	· 报 bào 신문 · 报道 bàodào 보도(하다)
	报 报 报 报 报 报 报 报 报 报	

备 **bèi** 준비하다 비 備	夕 冬 各 备 备	· 准备 zhǔnbèi 준비(하다) · 备忘录 bèiwànglù 비망록
	备 备 备 备 备 备 备 备 备	

笔 **bǐ** 붓필 筆	⺮ ⺮ 竺 竺 笔	· 笔 bǐ 붓, 필획/(돈)묶 · 笔记 bǐjì 필기(하다)
	笔 笔 笔 笔 笔 笔 笔 笔 笔 笔	

毕 **bì** 그물 마치다 필 畢	⺊ 比 比 毕 毕	· 毕业 bìyè 졸업(하다) · 毕竟 bìjìng 마침내, 드디어
	毕 毕 毕 毕 毕 毕 毕 毕 毕 毕	

编 **biān** 매다 편 엮다 編	纟 纠 纩 绢 绢 编	· 编辑 biānjí 편집 · 编组 biānzǔ 편성하다
	编 编 编 编 编 编 编 编 编 编	

边 **biān** 가장자리 변 邊	コ カ カ 边	· 边 biān 가, 변두리 · 旁边 pángbiān 옆

辩 **biàn** 말잘하다 변 辯	立 辛 刹 辩 辩	· 辩论 biànlùn 변론(하다) · 辩护 biànhù 변호(하다)

变 **biàn** 변하다 변 變	亠 亦 亦 夵 变	· 变成 biànchéng ~로 되다 · 变化 biànhuà 변화(하다)

标 **biāo** 나무끝 표 標	木 柝 村 标 标	· 标志 biāozhì 지표, 상징 · 标准 biāozhǔn 표준

宾 **bīn** 손 빈 賓	宀 宀 宀 宀 宾	· 外宾 wàibīn 외빈 · 宾馆 bīnguǎn 호텔

冰 bīng 얼음 빙 氷	冫　冫　冫　冰　冰	· 冰冻　bīngdòng　얼다 · 冰凉　bīngliáng　차게하다
	冰　冰　冰　冰　冰　冰　冰　冰　冰　冰	

补 bǔ 기울다 보 補	丶　冫　ネ　衤　补	· 补充　bǔchōng　보충(하나) · 补课　bǔkè　보충수업을 하다
	补　补　补　补　补　补　补　补　补　补	

才 cái 겨우 재 纔	一 寸 才										· 才 cái 겨우, ~해서야 비로소 · 刚才 gāngcái 방금
才	才	才	才	才	才	才	才	才	才	

参 cān 참가하다 참 석 삼 參	⌐ ⌐ ㅿ 矢 参										· 参观 cānguān 참관, 견학하다 · 参加 cānjiā 참가하다, 가입하다
参	参	参	参	参	参	参	参	参	参	

层 céng 층 층 層	⌐ 尸 尸 层 层										· 层 céng 층 · 层次 céngcì 내용의 순서, 단계
层	层	层	层	层	层	层	层	层	层	

产 chǎn 낳다 산 產	亠 立 立 产										· 生产 shēngchǎn 생산(하다) · 产地 chǎndì (물품의) 생산지
产	产	产	产	产	产	产	产	产	产	

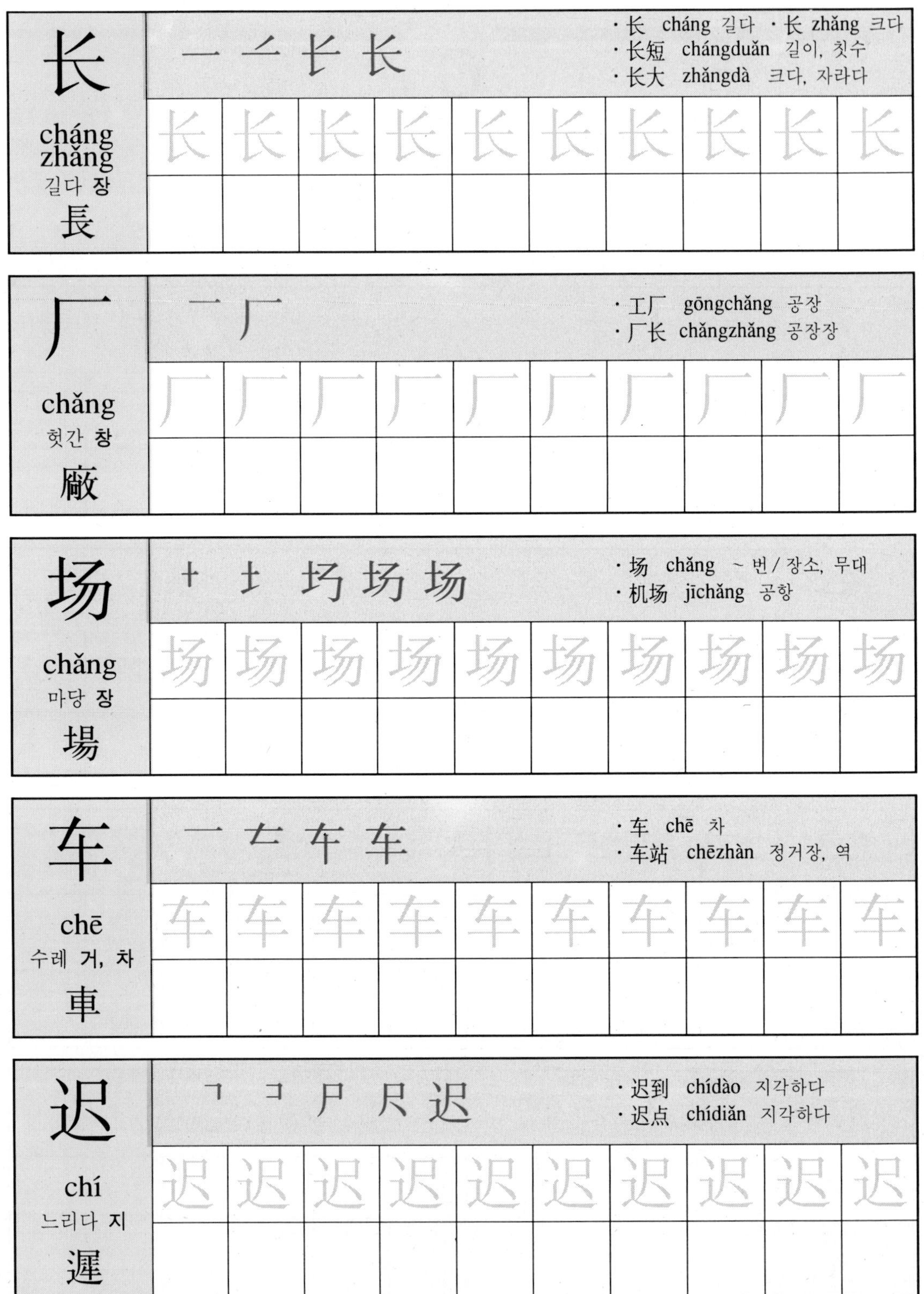

| 长
cháng
zhǎng
길다 장
長 | 一 ｜ 上 长 | · 长 cháng 길다 · 长 zhǎng 크다
· 长短 chángduǎn 길이, 칫수
· 长大 zhǎngdà 크다, 자라다 |

| 厂
chǎng
헛간 창
廠 | 一 厂 | · 工厂 gōngchǎng 공장
· 厂长 chǎngzhǎng 공장장 |

| 场
chǎng
마당 장
場 | 十 土 圬 场 场 | · 场 chǎng ～번 / 장소, 무대
· 机场 jīchǎng 공항 |

| 车
chē
수레 거, 차
車 | 一 七 车 车 | · 车 chē 차
· 车站 chēzhàn 정거장, 역 |

| 迟
chí
느리다 지
遲 | ㄱ ㄱ 尸 尺 迟 | · 迟到 chídào 지각하다
· 迟点 chídiǎn 지각하다 |

处 chǔ, chù 곳 처 處	夂 夊 处 处	· 好处 hǎochù 장점 · 处理 chǔlǐ 처리(하다) · 处所 chùsuǒ 장소, 곳
	处 处 处 处 处 处 处 处 处 处	

础 chǔ 주춧돌 초 礎	丆 石 矿 矶 础	· 基础 jīchǔ 기초 · 础石 chǔshí 초석, 주춧돌
	础 础 础 础 础 础 础 础 础 础	

传 chuán 전하다 전 傳	亻 仁 传 传	· 传达 chuándá 전달(하다) · 传播 chuánbō 전파,방송(하다)
	传 传 传 传 传 传 传 传 传 传	

窗 chuāng 창 창 窓 ⓘ	宀 穴 穷 窗 窗	· 窗 chuāng 창, 창문 · 窗户 chuānghu 창문
	窗 窗 窗 窗 窗 窗 窗 窗 窗 窗	

创 chuàng 다치다 창 創	𠆢 今 仓 创	· 创办 chuàngbàn 창립(하다) · 创造 chuàngzào 창조(하다)
	创 创 创 创 创 创 创 创 创 创	

词 cí 말 사 詞	丶 讠 讥 诃 词	· 词 cí 단어 · 词典 cídiǎn 사전
	词 词 词 词 词 词 词 词 词 词	

从 cóng 따르다 종 從	丿 人 从 从	· 从 cóng ~에서부터 · 从前 cóngqián 이전, 예전
	从 从 从 从 从 从 从 从 从 从	

错 cuò 섞이다 착 두다 조 錯	钅 钅 针 钳 错	· 错 cuò 틀리다 · 错误 cuòwù 잘못, 과실, 착오
	错 错 错 错 错 错 错 错 错 错	

1 다음 글자를 간체자로 바꾸시오.

1. 愛 →(　　)　　2. 辦 →(　　)　　3. 寶 →(　　)　　4. 報 →(　　)

5. 筆 →(　　)　　6. 邊 →(　　)　　7. 備 →(　　)　　8. 標 →(　　)

9. 賓 →(　　)　　10. 補 →(　　)　　11. 變 →(　　)　　12. 產 →(　　)

13. 長 →(　　)　　14. 車 →(　　)　　15. 處 →(　　)　　16. 傳 →(　　)

17. 創 →(　　)　　18. 從 →(　　)　　19. 詞 →(　　)　　20. 錯 →(　　)

2 다음 단어를 병음을 참조로 하여 완성하시오.

1. ài 人(　　) 부인 또는 남편　　　2. bàn 法(　　) 방법

3. bāng 忙(　　) 돕다　　　　　　4. bǎo 石(　　) 보석

5. bǐ 记(　　) 필기(하다)　　　　6. bì 业(　　) 졸업(하다)

7. biàn 化(　　) 변화(하다)　　　8. bīn 馆(　　) 호텔

9. bīng 冻(　　) 얼다　　　　　　10. bǔ 充(　　) 보충(하다)

11. cān 加(　　) 참가하다　　　　12. zhǎng 大(　　) 크다, 자라다

13. chǎng 长(　　) 공장장　　　　14. chē 站(　　) 정거장

15. chí 点(　　) 지각하다　　　　16. chuāng 户(　　) 창문

17. cóng 前(　　) 예전, 이전　　　18. 旁 biān(　　) 옆

19. 刚 cái(　　) 방금　　　　　　20. 生 chǎn(　　) 생산(하다)

3 다시 한번 써 봅시다.

1. 摆 bǎi

2. 冰 bīng

3. 帮 bāng

4. 参 cān

带 dài 띠다 대 帶	一 艹 卅 带 带 带	· 带　dài　휴대하다, 이끌다, 띠다 · 磁带　cídài　녹음테이프
	带　带　带　带　带　带　带　带　带　带	

单 dān 홑 단 單	` ` 丷 ` 肖 单	· 简单　jiǎndān　간단하다 · 单人　dānrén　혼자, 한사람
	单　单　单　单　单　单　单　单　单　单	

当 dāng,dàng 마땅하다 당 當	` ` 丷 肖 当 当	· 当　dāng　~되다, 담당하다 · 当　dàng　적합하다, 적당하다 · 当然　dāngrán　물론
	当　当　当　当　当　当　当　当　当　当	

导 dǎo 이끌다 도 導	ㄱ 巳 므 导 导	· 导演　dǎoyǎn　감독(영화) · 领导　lǐngdǎo　지도하다, 이끌다
	导　导　导　导　导　导　导　导　导　导	

灯 **dēng** 등잔 **등** 燈	` ´  丷  火  灯  灯`	· 灯　dēng　등 · 电灯　diàndēng　전등
	灯 灯 灯 灯 灯 灯 灯 灯 灯 灯	

点 **diǎn** 점 點 點	` ヽ  丨 ⼘  占  点  点`	· 点　diǎn　점/찍다, 세다, 켜다 · 点火　diǎnhuǒ　불을 붙이다 · 点心　diǎnxin　과자, 간식
	点 点 点 点 点 点 点 点 点 点	

电 **diàn** 전기 전 電	` 丨 冂 曰 电`	· 电　diàn　전기 · 电视　diànshì　텔레비전 · 电影　diànyǐng　영화
	电 电 电 电 电 电 电 电 电 电	

调 **diào, tiáo** 뽑다 고르다 조 調	` 讠 讠 讠 调 调`	· 声调　shēngdiào　성조 · 调节　tiáojié　조절(하다)
	调 调 调 调 调 调 调 调 调 调	

东 **dōng** 동녘 동 東	` 一 ヒ 与 东 东`	· 东边　dōngbian　동쪽 · 东西　dōngxi　물건(사물의 총칭)
	东 东 东 东 东 东 东 东 东 东	

动

dòng 움직이다 동
動

二 云 动 动

- 动 dòng 움직이다, 사용하다
- 动物 dòngwù 동물

动 动 动 动 动 动 动 动 动

都

dōu, dū 도읍 도
都

土 耂 者 都 都

- 都 dōu 모두
- 首都 shǒudū 수도

都 都 都 都 都 都 都 都 都

斗

dòu 말 두
鬪

丶 丷 二 斗

- 奋斗 fèndòu 싸우다, 분투하다
- 斗争 dòuzhèng 투쟁하다

斗 斗 斗 斗 斗 斗 斗 斗 斗 斗

读

dú 읽다 독
讀

讠 讨 诗 读 读

- 读 dú 읽다
- 读音 dúyīn 발음

读 读 读 读 读 读 读 读 读 读

锻

duàn 단련하다 단
鍛

钅 钇 针 钌 锻

- 锻练 duànliàn 단련하다, 운동하다
- 锻铁 duàntiě 연철, 단철

锻 锻 锻 锻 锻 锻 锻 锻 锻 锻

断	米 迷 断 断 断	· 诊断 zhěnduàn 진단(하다) · 断念 duànniàn 단념, 체념(하다)
duàn 끊어지다 단 斷	断 断 断 断 断 断 断 断 断 断	

对	フ ヌ ヌ' 对 对	· 对 duì ~에 대해 / 대하다 · 对不起 duìbuqǐ 미안하다
duì 대답하다 대 對	对 对 对 对 对 对 对 对 对 对	

顿	ㄥ ㄓ 顿 顿 顿	· 顿 dùn 끼니, 차례 · 停顿 tíngdùn 정돈하다
dùn 조아리다 묵다 돈 頓	顿 顿 顿 顿 顿 顿 顿 顿 顿 顿	

饿	饣 饣 饣 饦 饿 饿	· 饿　è　배고프다 / 굶기다
è 주리다 아 餓		· 饿死　èsǐ　굶어죽다, 굶겨 죽이다

饿	饿	饿	饿	饿	饿	饿	饿	饿	饿

恶	一 亚 亚 恶 恶	· 恶心　èxīn　악한 마음, 나쁜 마음
è 모질다 악 惡		· 恶习　èxí　나쁜 습관

恶	恶	恶	恶	恶	恶	恶	恶	恶	恶

儿	丿 儿	· 儿子　érzi　아들, 자식
ér 아이 아 兒		· 女儿　nǚér　딸

儿	儿	儿	儿	儿	儿	儿	儿	儿	儿

发 fā 피다 발 發	一 ナ 屮 发 发	· 发生　fāshēng　발생하다 · 发现　fāxiàn　발견하다 · 发展　fāzhǎn　발전하다(시키다)
	发 发 发 发 发 发 发 发 发 发	

翻 fān 뒤집다 펄럭이다 번 飜	丿 平 釆 番 翻 翻	· 翻　fān　뒤집히다, 뒤집다 · 翻译　fānyì　번역, 통역(하다)
	翻 翻 翻 翻 翻 翻 翻 翻 翻 翻	

烦 fán 번거롭다 번 煩	' 火 烦 烦 烦	· 麻烦　máfan　폐 끼치다, 귀찮다 · 烦事　fánshì　번거롭고, 성가신 일
	烦 烦 烦 烦 烦 烦 烦 烦 烦 烦	

饭 fàn 밥 반 飯	⺈ 乍 饣 饭 饭	· 饭　fàn　밥 · 饭店　fàndiàn　호텔 · 饭票　fànpiào　식권
	饭 饭 饭 饭 饭 饭 饭 饭 饭 饭	

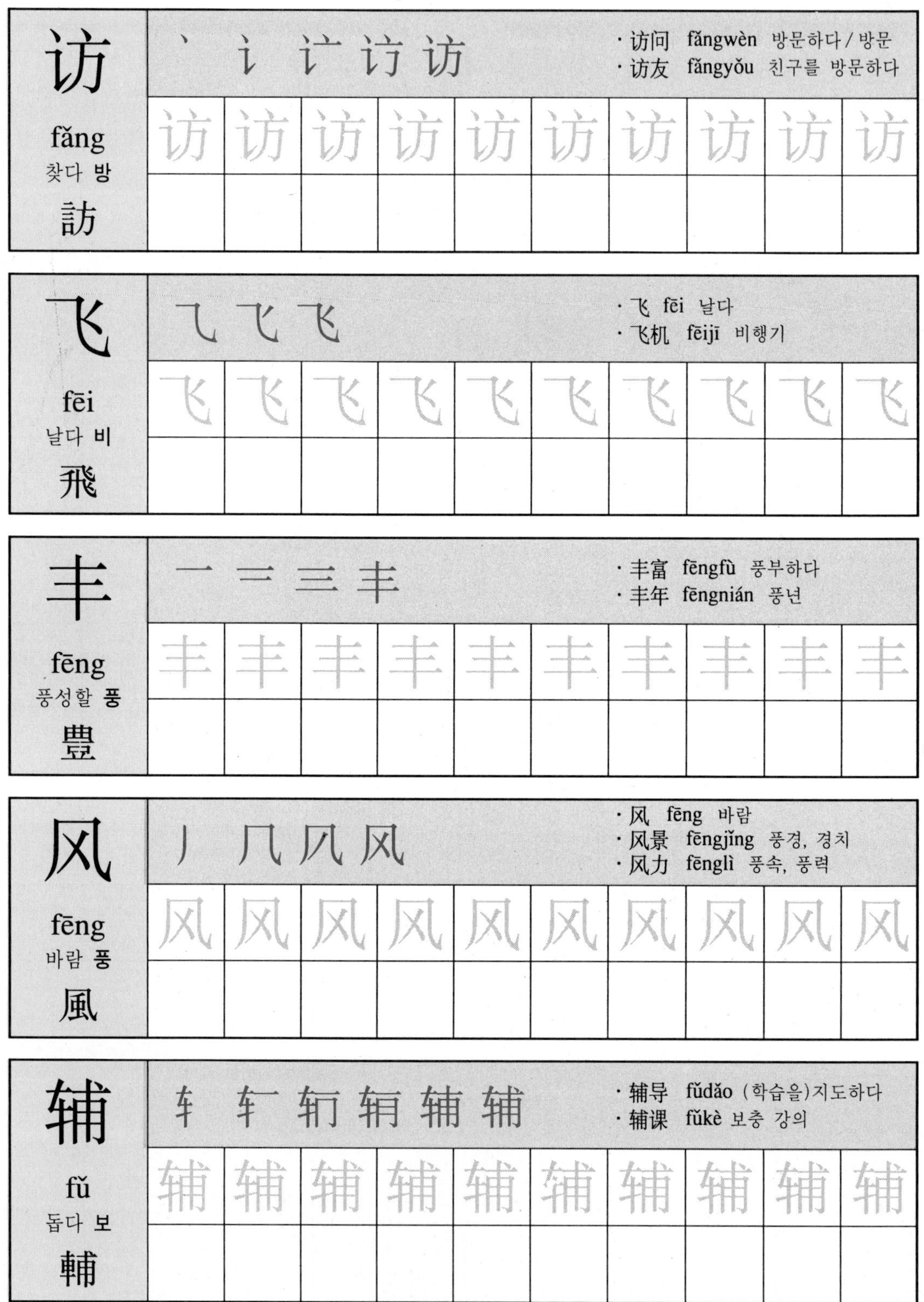

访
fǎng
찾다 방
訪
丶 讠 讠 访 访
· 访问　fǎngwèn　방문하다/방문
· 访友　fǎngyǒu　친구를 방문하다

飞
fēi
날다 비
飛
乁 飞 飞
· 飞　fēi　날다
· 飞机　fēijī　비행기

丰
fēng
풍성할 풍
豊
一 二 三 丰
· 丰富　fēngfù　풍부하다
· 丰年　fēngnián　풍년

风
fēng
바람 풍
風
丿 几 凡 风
· 风　fēng　바람
· 风景　fēngjǐng　풍경, 경치
· 风力　fēnglì　풍속, 풍력

辅
fǔ
돕다 보
輔
车 车 轩 轩 辅 辅
· 辅导　fǔdǎo　(학습을)지도하다
· 辅课　fǔkè　보충 강의

负 **fù** 짐지다 부 負	⺈ ⼴ ⼻ 负 负	负 负 负 负 负 负 负 负 负 负	· 负责　fùzé　책임지다 · 自负　zìfù　자부하다

复 **fù** 다시 복 復	一 二 乍 乍 复 复	复 复 复 复 复 复 复 复 复 复	· 复习　fùxí　복습하다 · 复印　fùyìn　복사(하다)

妇 **fù** 지어미 부 婦	ㄑ ㄑ 女 奿 妇	妇 妇 妇 妇 妇 妇 妇 妇 妇 妇	· 妇科　fùkē　산부인과 · 新夫妇　xīnfūfù　신혼부부

该

gāi
갖추다
겸하다 해

該

讠	记	该	该	该					

· 该 gāi ~해야 한다 / 차례가 되다
· 应该 yīnggāi ~해야 한다

干

gān, gàn
마르다
하늘 건
乾, 幹

一	二	干	

· 干净 gānjìng 깨끗하다
· 干部 gànbù 간부

刚

gāng
굳세다 강
剛

冂	刀	冈	刚	刚

· 刚 gāng 막, 방금, 바로
· 刚才 gāngcái 조금 전, 방금

钢

gāng
강철 강
鋼

钅	钅	钊	钢	钢

· 钢笔 gāngbǐ 만년필
· 钢琴 gāngqín 피아노

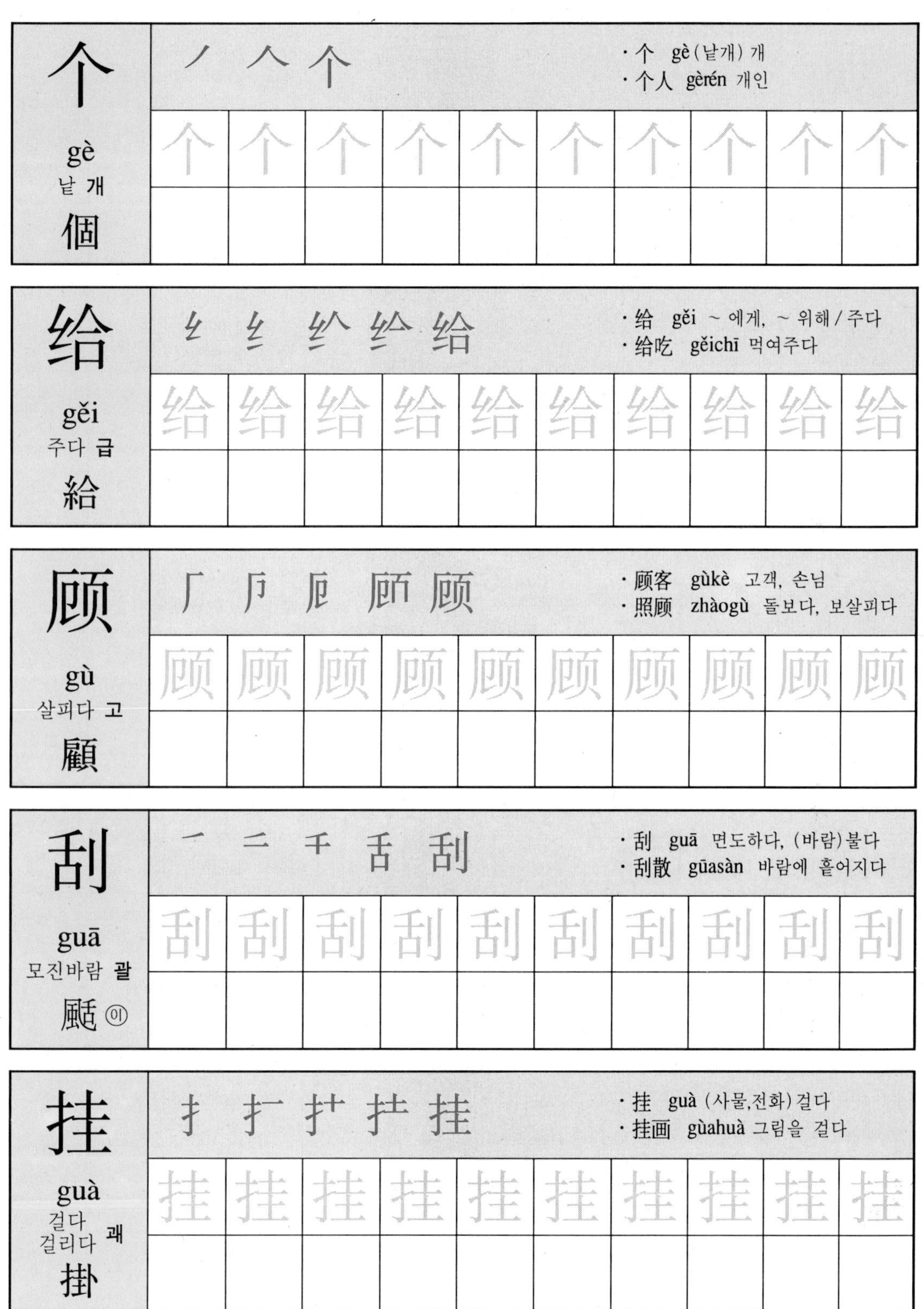

个 gè 낱 개 個	ノ 人 个	· 个 gè (낱개) 개 · 个人 gèrén 개인

给 gěi 주다 급 給	乡 纟 纩 纩 给	· 给 gěi ～에게, ～위해 / 주다 · 给吃 gěichī 먹여주다

顾 gù 살피다 고 顧	厂 厅 厄 顾 顾	· 顾客 gùkè 고객, 손님 · 照顾 zhàogù 돌보다, 보살피다

刮 guā 모진바람 괄 颳 (이)	一 二 千 舌 刮	· 刮 guā 면도하다, (바람)불다 · 刮散 guāsàn 바람에 흩어지다

挂 guà 걸다 걸리다 괘 掛	扌 扩 扩 拄 挂	· 挂 guà (사물, 전화)걸다 · 挂画 guàhuà 그림을 걸다

观 guān 보다 관 觀	フ又观观观	· 观光 guānguāng 관광하다 · 观念 guānniàn 관념, 생각
	观 观 观 观 观 观 观 观 观 观	

关 guān 빗장 관 關	⺍ 兰 关 关	· 关 guān 닫다, 끄다 · 关系 guānxi 관계 / 관계되다 · 关心 guānxīn 관심두다
	关 关 关 关 关 关 关 关 关 关	

馆 guǎn 집 관 館	饣 饣 饣 馆 馆	· 馆 guǎn 집, 상점 · 图书馆 túshūguǎn 도서관
	馆 馆 馆 馆 馆 馆 馆 馆 馆 馆	

惯 guàn 익숙하다 관 惯	忄 忄 忄 惯 惯	· 习惯 xíguàn 습관 / 버릇되다 · 惯例 guànlì 관례
	惯 惯 惯 惯 惯 惯 惯 惯 惯 惯	

广 guǎng 넓다 광 廣	丶 广 广	· 广播 guǎngbō 방송하다 / 방송 · 广泛 guǎngfàn 광범위하다
	广 广 广 广 广 广 广 广 广 广	

归 **guī** 돌아가다 돌아오다 귀 歸	丨 刂 刂 归 归	· 归国　guīguó　조국으로 돌아오다 · 归程　guīchéng　귀로

贵 **guì** 귀하다 귀 貴	口 中 虫 虫 贵	· 贵　guì　비싸다 · 贵人　guìrén　귀인

国 **guó** 나라 국 國	冂 冂 囷 国 国	· 国家　guójiā　나라, 국가 · 国立　guólì　국립

过 **guò** 지나가다 과 過	一 寸 寸 寸 过	· 过　guò　지나다, 건너다 · 过去　guòqù　과거 / 건너가다 · 过节　guòjié　명절을 쇠다, 지내다

1 다음 글자를 간체자로 바꾸시오.

1. 單 →(　　) 　　2. 當 →(　　) 　　3. 點 →(　　) 　　4. 電 →(　　)

5. 東 →(　　) 　　6. 動 →(　　) 　　7. 讀 →(　　) 　　8. 對 →(　　)

9. 惡 →(　　) 　10. 兒 →(　　) 　11. 發 →(　　) 　12. 飯 →(　　)

13. 飛 →(　　) 　14. 風 →(　　) 　15. 婦 →(　　) 　16. 幹 →(　　)

17. 個 →(　　) 　18. 關 →(　　) 　19. 廣 →(　　) 　20. 過 →(　　)

2 다음 단어를 병음을 참조로 하여 완성하시오.

1. dān 人(　　) 혼자, 한사람 　　　　2. dāng 然(　　) 물론

3. diǎn 心(　　) 간식 　　　　　　　4. diàn 视(　　) 텔레비젼

5. dōng 西(　　) 물건 　　　　　　　6. dòng 物(　　) 동물

7. dú 音(　　) 발음 　　　　　　　　8. duì 不起(　　) 미안하다

9. è 习(　　) 나쁜 습관 　　　　　　10. ér 子(　　) 아들,자식

11. fā 生(　　) 발생하다 　　　　　　12. fàn 店(　　) 호텔

13. fǎng 问(　　) 방문하다 　　　　　14. fēng 富(　　) 풍부하다

15. fù 责(　　) 책임지다 　　　　　　16. gāng 才(　　) 방금

17. gūan 系(　　) 관계 　　　　　　　18. xí 惯(　　) 습관

19. guī 国(　　) 조국으로 돌아가다 　20. gùo 去(　　) 과거

3 다시 한번 써 봅시다.

1. 锻 duàn

2. 断 duàn

3. 饿 è

4. 挂 guà

还 **hái, huán** 돌아오다 환 돌다 선 還	了 不 不 还	· 还 hái 역시, 여전히, 아직도 · 还 huán 돌려주다
	还 还 还 还 还 还 还 还 还 还	

韩 **hán** 나라이름 한 韓	十 古 卓 乾 韩	· 韩国 Hánguó 한국 · 韩语 Hányǔ 한국어
	韩 韩 韩 韩 韩 韩 韩 韩 韩 韩	

汉 **hàn** 한나라 한 漢	丶 丶 氵 汈 汉	· 汉语 Hànyǔ 중국어 · 汉字 Hànzì 중국글자, 한자
	汉 汉 汉 汉 汉 汉 汉 汉 汉 汉	

号 **háo, hào** 부르짖다 일컫다 호 號	丨 丨 冖 口 旦 号	· 号 háo 소리지르다 · 号码 hàomǎ 번호, 숫자, 사이즈
	号 号 号 号 号 号 号 号 号 号	

贺 hè 하례하다 하 賀	ㄱ ㄱ 力 加 贺 贺	· 贺电　hèdiàn　축전 · 贺喜　hèxǐ　경사를 축하하다
	贺 贺 贺 贺 贺 贺 贺 贺 贺 贺	

红 hóng 붉다 홍 紅	ㄠ ㄠ ㄠ 红 红	· 红　hóng　붉다 · 红事　hóngshì　결혼, 길사, 경사
	红 红 红 红 红 红 红 红 红 红	

后 hòu 뒤 후 後	厂 厂 斤 后 后	· 后边　hòubian　뒤쪽 · 后背　hòubèi　등
	后 后 后 后 后 后 后 后 后 后	

护 hù 도울 지킬 호 護	扌 扩 扩 护 护	· 保护　bǎohù　보호하다 · 护士　hùshi　간호사
	护 护 护 护 护 护 护 护 护 护	

华 huá 빛나다 화 華	亻 亻 化 化 华	· 中华　zhōnghuá　중화 · 华侨　huáqiáo　화교
	华 华 华 华 华 华 华 华 华 华	

话
huà
말하다 화
話
ㆍ话 huà 말
ㆍ电话 diànhuà 전화
ㆍ话机 huàjī 수화기
讠 讠 讠 讠 话

画
huà
그림 화
畫
ㆍ画 huà 그리다
ㆍ画儿 huàr 그림
一 冂 币 画 画

划
huà
긋다 획
劃
ㆍ计划 jìhuà 계획(하다)
ㆍ划一 huàyī 획일(적이다)
一 七 戈 戈 划

坏
huài
무너뜨리다 괴
무너지다 회
壞
ㆍ坏 huài 나쁘다, 망가지다
ㆍ坏话 huàihuà 욕, 험담
十 土 圹 圷 坏

欢
huān
기뻐하다 환
歡
ㆍ欢迎 huānyíng 환영(하다)
ㆍ喜欢 xǐhuan 좋아하다
ㄱ 又 欢 欢 欢

<table>
<tr><td rowspan="2">换
huàn
바꾸다 환
換</td><td>扌 扩 护 抣 换 换</td><td>· 换 huàn 바꾸다, 교체하다
· 换机 huànjī 비행기를 바꿔타다
· 换钱 huànqián 돈을 바꾸다</td></tr>
<tr><td colspan="2">换 换 换 换 换 换 换 换 换 换</td></tr>
</table>

<table>
<tr><td rowspan="2">会
huì
모이다 회
會</td><td>丿 人 么 会 会</td><td>· 会 huì ~할 수 있다 / 모이다
· 会话 huìhuà 회화하다 / 회화
· 社会 shèhuì 사회</td></tr>
<tr><td colspan="2">会 会 会 会 会 会 会 会 会 会</td></tr>
</table>

机 jī 기계 기 機	一　十　木　机　机	·机场　jīchǎng　공항 ·机会　jīhuì　기회
	机　机　机　机　机　机　机　机　机　机	

鸡 jī 닭 계 鷄	フ　又　邓　邓　鸡　鸡	·鸡　jī　닭 ·鸡蛋　jīdàn　계란
	鸡　鸡　鸡　鸡　鸡　鸡　鸡　鸡　鸡　鸡	

极 jí 극 극 極	十　木　杉　极　极	·～极了　～jíle　대단히 ～하다 ·极品　jípǐn　최상품, 일등품
	极　极　极　极　极　极　极　极　极　极	

级 jí 등급 급 級	纟　纟　纠　级　级	·年级　niánjí　학년 ·级任　jírèn　학급 담임(교사)
	级　级　级　级　级　级　级　级　级	

挤
jǐ
물리치다
떠밀다 제
擠
扌 扩 抆 挤 挤
挤 挤 挤 挤 挤 挤 挤 挤 挤 挤
· 挤 jǐ 비집다 / 복잡하고 붐비다
· 挤入 jǐrù 억지로 밀어넣다

几
jǐ
몇 기
幾
丿 几
几 几 几 几 几 几 几 几 几 几
· 几 jǐ 몇 (주로 10 단위 이하)
· 几乎 jǐhū 거의, 하마터면

际
jì
즈음 제
際
阝 阝 阝 阡 际
际 际 际 际 际 际 际 际 际 际
· 国际 guójì 국제
· 天际 tiānjì 하늘가 (지평선)

计
jì
셈하다
꾀하다 계
計
丶 讠 讠 计
计 计 计 计 计 计 计 计 计 计
· 计单 jìdān 계산서
· 计算 jìsuàn 계산하다

济
jì
건너다
많고 성하다 제
濟
丶 氵 氵 泞 泫 济
济 济 济 济 济 济 济 济 济 济
· 经济 jīngjì 경제
· 济河 jìhé 강을 건너다

记 jì 기록하다 기 記	` 讠 讠 讠 记	· 记 jì 기억하다, 기록하다 · 记录 jìlù 기록(하다)
	记 记 记 记 记 记 记 记 记 记	

绩 jì 길쌈하다 적 績	纟 纟 绩 绩 绩	· 成绩 chéngjì 성적 · 功绩 gōngjì 공적
	绩 绩 绩 绩 绩 绩 绩 绩 绩 绩	

继 jì 잇다 계 繼	纟 纟 纠 绀 继	· 继续 jìxù 계속(하다) · 继承 jìchéng 계승, 상속(하다)
	继 继 继 继 继 继 继 继 继 继	

纪 jì 벼리 규율 기 기록하다 紀	纟 纟 纪 纪 纪	· 年纪 niánjì 나이 · 纪念 jìniàn 기념(하다)
	纪 纪 纪 纪 纪 纪 纪 纪 纪 纪	

驾 jià 수레 능가하다 가 駕	力 加 驾 驾 驾	· 劳驾 láojià 미안하지만 (부탁) · 驾驶 jiàshǐ (기차,비행기 등) 운전하다, 조종하다
	驾 驾 驾 驾 驾 驾 驾 驾 驾 驾	

价 jià 값 가 價	亻　亻　亻　价　价	· 减价　jiǎnjià　가격을 내리다 · 价值　jiàzhí　가치
坚 jiān 굳다 견 堅	刂　刂　刄　㲪　坚	· 坚持　jiānchí　고수하다, 견지하다 · 坚心　jiānxīn　굳게 믿다
间 jiān 사이 간 間	丶　丫　门　问　间	· 房间　fángjiān　방 · 时间　shíjiān　시간 · 中间　zhōngjiān　중간
检 jiǎn 검사하다 검 檢	木　杓　柃　检　检	· 检查　jiǎnchá　조사하다 / 조사 · 检票　jiǎnpiào　(개찰) 검표하다
简 jiǎn 편지 간략하다 간 簡	｢　竹　竹　笆　简	· 简单　jiǎndān　간단하다 · 简要　jiǎnyào　간단 명료하다

见 jiàn 보다 견 見	丨 冂 冂 见	· 见 jiàn 보다, 만나다 · 见面 jiànmiàn 만나다
践 jiàn 밟다 행하다 천 踐	ㄤ 趵 趴 践 践	· 实践 shíjiàn 실천(하다) · 践约 jiànyuē 약속을 이행하다
将 jiāng 장차 장 將	ㅓ 丬夕 丬夕 将 将	· 将来 jiānglái 장래 · 将近 jiāngjìn 거의 ~에 가깝다
讲 jiǎng 이야기하다 강 講	讠 讠 讲 讲 讲	· 讲 jiǎng 이야기하다, 해설하다 · 讲课 jiǎngkè 강의하다
饺 jiǎo 만두 교 餃	㇚ 饣 饣 饺 饺	· 饺子 jiǎozi 만두 · 水饺儿 shuǐjiǎor 물만두

较 jiào 비교하다 교 較	车　车　轩　轩　轺　较	· 比较 bǐjiào 비교하다 · 较劲 jiàojìn 힘을 겨루다
	较 较 较 较 较 较 较 较 较 较	

结 jié 맺다 결 結	纟　纟　纡　结　结	· 结果 jiéguǒ 결과, 결국, 끝내 · 结束 jiéshù 마무리짓다
	结 结 结 结 结 结 结 结 结 结	

节 jié 마디 절 節	一　十　卄　节　节	· 节 jié 마디, 명절 / 마디, 교시 · 节目 jiémù 공연종목, 프로그램
	节 节 节 节 节 节 节 节 节 节	

紧 jǐn 긴요하다 긴 緊	又　竖　竖　紧　紧	· 紧 jǐn 꽉 조이다, 빠듯하다 · 紧张 jǐnzhāng 긴장하다, 빠듯하다
	紧 紧 紧 紧 紧 紧 紧 紧 紧 紧	

进 jìn 나아가다 진 進	二　井　丼　进	· 进 jìn 들어가다 · 进行 jìnxíng 진행 (하다)
	进 进 进 进 进 进 进 进 进 进	

| 经
jīng
경서
평상 **경**
經 | ٤ 纟 经 经 经 | · 经常　jīngcháng　일상적인, 항상
· 经验　jīngyàn　경험
· 总经理　zǒngjīnglǐ　사장 |

| 净
jìng
깨끗하다 **정**
淨 | 冫 冫 冹 净 净 | · 干净　gānjìng　깨끗하다
· 净化　jìnghuà　정화하다, 맑게 하다 |

| 静
jìng
고요하다 **정**
靜 | 圭 青 靑 靖 静 静 | · 安静　ānjìng　조용하다
· 静思　jìngsī　조용히 생각하다 |

| 旧
jiù
옛 **구**
舊 | 丨 刂 冂 旧 旧 | · 旧　jiù　낡다, 오래다
· 旧教　jiùjiào　(종교)구교, 천주교 |

| 举
jǔ
들다 **거**
舉 | 丷 丷 兴 芦 举 | · 举　jǔ　쳐들다, 제기하다
· 举行　jǔxíng　거행하다, 진행하다 |

诀 jué 정하다 결 訣	讠 讠 讠 讳 诀									·诀定 juédìng 결정(하다) ·解诀 jiějué 해결(하다)
	诀	诀	诀	诀	诀	诀	诀	诀	诀	诀

觉 jué jiào 느끼다 각 覺	⺍ ⺍ 兯 觉 觉									·觉得 juéde ~라고 생각하다 ·觉醒 juéxǐng 각성(하다) ·觉 jiào 잠(자다)
	觉	觉	觉	觉	觉	觉	觉	觉	觉	觉

1 다음 글자를 간체자로 바꾸시오.

1. 還 →( )　　2. 韓 →( )　　3. 漢 →( )　　4. 號 →( )

5. 後 →( )　　6. 華 →( )　　7. 話 →( )　　8. 畫 →( )

9. 歡 →( )　　10. 會 →( )　　11. 機 →( )　　12. 極 →( )

13. 幾 →( )　　14. 際 →( )　　15. 計 →( )　　16. 濟 →( )

17. 記 →( )　　18. 紀 →( )　　19. 間 →( )　　20. 節 →( )

2 다음 단어를 병음을 참조로 하여 완성하시오.

1. hàn 语( )　중국어　　2. 保 hù( )　보호하다

3. 国 jì( )　국제　　4. jī 会( )　기회

5. jià 值( )　가치　　6. 经 jì( )　경제

7. jiàn 面( )　만나다　　8. jiǎn 单( )　간단하다

9. jiǎo 子( )　만두　　10. jiāng 来( )　장래

11. jié 目( )　프로그램　　12. jié 束 ( )　마무리짓다

13. jīng 验( )　경험　　14. jǐn 张( )　긴장(하다)

15. jìng 思( )　조용히 생각하다　　16. jìng 化( )　정화하다

17. jǔ 行( )　거행하다　　18. jiù 教 ( )　구교, 천주교

19. jué 定( )　결정하다　　20. jué 得( )　~ 라고 생각하다

3 다시 한번 써 봅시다.

1. 护 hù

2. 划 huà

3. 坏 huài

4. 换 huàn

开 kāi 열다 개 開	一 二 于 开	· 开 kāi 열다, (꽃) 피다, (물) 끓다 · 开始 kāishǐ 시작하다 / 처음
	开 开 开 开 开 开 开 开 开 开	

课 kè 부과하다 과목 과 課	讠 讠 讠 课 课	· 课 kè 과목 · 课本 kèběn 교과서 · 课文 kèwén (교과서) 본문
	课 课 课 课 课 课 课 课 课 课	

块 kuài 덩어리 괴 塊	十 土 圹 坍 块	· 块 kuài 덩어리 / ～ 개, (돈) 원 · 一块儿 yīkuàr 함께, 동일한 곳
	块 块 块 块 块 块 块 块 块 块	

况 kuàng 하물며 황 況 ^이	冫 冴 沪 沪 况	· 情况 qíngkuàng 상황 · 况且 kuàngqiě 게다가, 하물며
	况 况 况 况 况 况 况 况 况 况	

| 亏
kuī
이지러지다 휴
虧 | 一　二　亏 | · 理亏　lǐkuī　도리가 없다
· 亏本　kuīběn　본전을 밑지다 |
| 亏 | 亏 亏 亏 亏 亏 亏 亏 亏 亏 亏 | |

| 扩
kuò
늘리다 확
擴 | 扌　扌　扩`　扩′　扩 | · 扩大　kuòdà　확대(하다)
· 扩音机　kuòyīnjī　확성기 |
| 扩 | 扩 扩 扩 扩 扩 扩 扩 扩 扩 扩 | |

来 lái 오다 래 來	一 丆 丏 平 来	· 来 lái 오다 · 来回票 láihuípiào 왕복표
	来 来 来 来 来 来 来 来 来 来	

蓝 lán 쪽 람 藍	艹 莤 莤 蓝 蓝	· 蓝 lán 파랗다 · 蓝眼 lányǎn 푸른 눈
	蓝 蓝 蓝 蓝 蓝 蓝 蓝 蓝 蓝 蓝	

篮 lán 바구니 람 籃	竺 筿 筲 篮 篮	· 篮球 lánqiú 농구 · 篮子 lánzi 바구니
	篮 篮 篮 篮 篮 篮 篮 篮 篮 篮	

览 lǎn 보다 람 覽	⺊ 览 告 览 览	· 展览 zhǎnlǎn 전시, 전람(하다) · 阅览 yuèlǎn 열람(하다)
	览 览 览 览 览 览 览 览 览 览	

| 劳
láo
힘쓰다 로
勞 | 一 丷 艹 艻 劳 劳 | · 劳动 láodòng 일하다, 노동하다
· 劳力 láolì 노력 |
| 劳 劳 劳 劳 劳 劳 劳 劳 劳 劳 | | |

| 乐
lè, yuè
즐겁다 락
풍류 악
좋아하다 요
樂 | 一 ㄷ ㄐ 乐 乐 | · 快乐 kuàilè 즐겁다, 쾌락
· 音乐 yīnyuè 음악 |
| 乐 乐 乐 乐 乐 乐 乐 乐 乐 乐 | | |

| 离
lí
떠나다 리
離 | 亠 文 呙 离 离 | · 离 lí 떠나다, ~에서부터
· 离开 líkāi 떠나다 |
| 离 离 离 离 离 离 离 离 离 离 | | |

| 里
lǐ
속, 안 리
裡, 裏 | 冂 曰 甲 里 里 | · 里 lǐ 안, 속
· 里边 lǐbian 안쪽 |
| 里 里 里 里 里 里 里 里 里 里 | | |

| 礼
lǐ
예의 례
禮 | 丶 ㇇ ㇈ ネ 礼 | · 礼物 lǐwù 선물
· 礼拜 lǐbài 요일 / 예배(하다) |
| 礼 礼 礼 礼 礼 礼 礼 礼 礼 礼 | | |

丽 lì 아름답다 려 麗	一 厂 丌 厅 丽	· 美丽 měilì 아름답다 · 秀丽 xiùlì 뛰어나게 아름답다

历 lì 지내다 력 歷	一 厂 万 历	· 历史 lìshǐ 역사 · 历史 lìshǐ 역대, 대대

俩 liǎ 재주 량 倆	亻 亻 仃 俩 俩	· 俩 liǎ 두 사람, 두 개 · 俩人 liǎrén 두 사람

连 lián 잇다 련 連	一 左 车 车 连	· 连~都 lián~dōu 심지어 ~도 · 连接 liánjiē 연접하다

联 lián 연결되다 연 聯	耳 耳' 聮 聯 联	· 联合国 liánhéguó 연합국 · 联络 liánluò 연락(하다)

脸 liǎn 뺨 검 臉	月 肝 肸 脸 脸	· 脸 liǎn 얼굴 · 脸色 liǎnsè 안색, 혈색
	脸 脸 脸 脸 脸 脸 脸 脸 脸 脸	

炼 liàn 쇠불리다 련 煉	⺊ 火 炠 炠 炼	· 炼习 liànxí 연습(하다) · 炼铁 liàntiě 제철하다
	炼 炼 炼 炼 炼 炼 炼 炼 炼 炼	

练 liàn 연습하다 익히다 련 練	纟 纩 纼 纼 练	· 练工 liàngōng 숙련공 · 练习 liànxí 연습(하다)
	练 练 练 练 练 练 练 练 练 练	

凉 liáng 서늘하다 량 涼	冫 广 冹 冹 凉	· 凉快 liángkuai 시원하다 · 凉水 liángshuǐ 찬물, 냉수
	凉 凉 凉 凉 凉 凉 凉 凉 凉 凉	

两 liǎng 두 량 냥 냥 兩	冂 丙 两 两 两	· 两 liǎng 둘 · 两相 liǎngxiāng 상호간, 양측
	两 两 两 两 两 两 两 两 两 两	

谅 liàng 살피다 량 谅	讠 讠 讠 谅 谅	· 原谅 yuánliàng 용서하다 · 谅解 liàngjiě 양해(하다)
辆 liàng 수레 량 輛	车 车 辆 辆 辆	· 辆 liàng (차를 세는 양사) 량, 대
临 lín 임하다 임 臨	丨 卜 临 临 临	· 临床 línchuáng (의학용어)임상 · 临时 línshí 때에 이르다
灵 líng 신령 령 靈	彐 彐 彐 灵 灵	· 灵敏 língmǐn 영리하고 재빠르다 · 灵验 língyàn 효력이 있다
领 lǐng 지도하다 옷깃 령 領	今 令 领 领 领	· 领导 lǐngdǎo 영도하다 / 지도자 · 领子 lǐngzi 옷깃, 칼라

楼 lóu 다락 루 樓	木　木^　木^　木^　楼　楼	· 一楼　yìlóu　일층 · 讲义楼　jiǎngyìlóu　강의동
	楼 楼 楼 楼 楼 楼 楼 楼 楼 楼	

录 lù 기록하다 록 錄	⺕　彐　录　录　录	· 录音　lùyīn　녹음(하다) · 录音机　lùyīnjī　녹음기
	录 录 录 录 录 录 录 录 录 录	

陆 lù 육지, 땅, 뭍 륙 陸	了　阝　阡　阣　陆	· 登陆　dēnglù　상륙하다 · 陆续　lùxù　끊임없이, 계속해서
	陆 陆 陆 陆 陆 陆 陆 陆 陆 陆	

绿 lǜ 푸르다 록 綠	纟　纩　纾　绉　绿	· 绿　lǜ　푸르다, 녹색의 · 绿灯　lǜdēng　녹색 신호등
	绿 绿 绿 绿 绿 绿 绿 绿 绿 绿	

乱 luàn 어지럽다 란 亂	二　千　舌　舌　乱	· 乱　luàn　어지럽다, 소란하다 · 乱兵　luànbīng　반란군, 패잔병
	乱 乱 乱 乱 乱 乱 乱 乱 乱 乱	

论 lùn 논하다 론 論	` 讠 讠 讠 论	· 讨论　tǎolùn　토론(하다) · 论理　lùnlǐ　논리적이다
	论 论 论 论 论 论 论 论 论 论	

妈 mā 어미 마 媽	女 女 奶 妈 妈	· 妈妈 māma 엄마 · 姑妈 gūmā 고모
	妈 妈 妈 妈 妈 妈 妈 妈 妈 妈	

马 mǎ 말 마 馬	马 马 马	· 马虎 mǎhu 소홀하다, 등한하다 · 马上 mǎshàng 곧, 바로
	马 马 马 马 马 马 马 马 马 马	

吗 ma 아편 마 嗎	吗 吗 吗 吗 吗 吗	· 吗 ma ~ 까? (의문조사)
	吗 吗 吗 吗 吗 吗 吗 吗 吗 吗	

买 mǎi 사다 매 買	买 买 买 买	· 买 mǎi 사다 · 买名 mǎimíng 명예를 사다
	买 买 买 买 买 买 买 买 买 买	

卖 mài 팔다 매 賣	士 吉 吉 卖 卖	· 卖 mài 팔다 · 买卖 mǎimai 매매(하다)
	卖 卖 卖 卖 卖 卖 卖 卖 卖 卖	

满 mǎn 가득차다 만 滿	汗 汗 汗 满 满	· 满口 mǎnkǒu 한 입 가득 · 满意 mǎnyì 만족하다, 흡족하다
	满 满 满 满 满 满 满 满 满 满	

么 me 잘다 가늘다 마 麼	丿 么 么	· 这么 zhème 이렇게 · 什么 shéme 무엇 · 怎么 zěnme 어떻게
	么 么 么 么 么 么 么 么 么 么	

门 mén 문 문 門	丶 冂 门	· 门 mén 문 · 门口 ménkǒu 문 어귀, 문 앞
	门 门 门 门 门 门 门 门 门 门	

们 men 들 문 們	丿 亻 亻 们 们	· 们 men ~들(복수표시 접미사)
	们 们 们 们 们 们 们 们 们 们	

面 miàn 국수 면 麵	一 ｒ 而 面 面				面 包　miànbāo 빵 面 子　miànzi 얼굴, 체면
	面	面	面	面	面

灭 miè 멸망하다 다하다　멸 滅	一 亇 灭 亚 灭				消灭　xiāomiè 소멸하다 灭火器　mièhuǒqì 소화기
	灭	灭	灭	灭	灭

难 nán 어렵다 난 難	又 刀 歼 歼 难 难	· 难 nán 어렵다, 좋지 않다 · 难念 nánniàn 읽기 어렵다
	难 难 难 难 难 难 难 难 难 难	

闹 nào 시끄럽다 들렐 뇨 鬧	丨 门 门 闹 闹	· 闹市 nàoshì 번화한 거리 · 热闹 rènào 떠들썩하다
	闹 闹 闹 闹 闹 闹 闹 闹 闹 闹	

宁 níng 편안하다 녕 寧	丶 宀 宁 宁	· 宁静 níngjìng 고요하다 · 安宁 ānníng 편안하다
	宁 宁 宁 宁 宁 宁 宁 宁 宁 宁	

农 nóng 농사 농 農	一 ナ 尤 农 农	· 农村 nóngcūn 농촌 · 农民 nóngmín 농민
	农 农 农 农 农 农 农 农 农 农	

1 다음 글자를 간체자로 바꾸시오.

1. 開 →(　　) 　 2. 塊 →(　　) 　 3. 來 →(　　) 　 4. 勞 →(　　)

5. 樂 →(　　) 　 6. 禮 →(　　) 　 7. 歷 →(　　) 　 8. 聯 →(　　)

9. 兩 →(　　) 　 10. 臨 →(　　) 　 11. 靈 →(　　) 　 12. 錄 →(　　)

13. 亂 →(　　) 　 14. 論 →(　　) 　 15. 馬 →(　　) 　 16. 買 →(　　)

17. 滿 →(　　) 　 18. 門 →(　　) 　 19. 滅 →(　　) 　 20. 農 →(　　)

2 다음 단어를 병음을 참조로 하여 완성하시오.

1. kāi 始(　　) 시작하다, 처음 　 2. kè 本(　　) 교과서

3. kuò 大(　　) 확대하다 　 4. láo 动(　　) 일하다, 노동하다

5. lǐ 边(　　) 안쪽 　 6. lí 开(　　) 떠나다

7. lǐ 物(　　) 선물 　 8. lì 史(　　) 역사

9. lián 接(　　) 연접하다, 서로 잇닿다 　 10. lián 络(　　) 연락하다

11. liàn 习(　　) 연습(하다) 　 12. liáng 水(　　) 찬물

13. lǐng 导(　　) 이끌다, 지도자 　 14. lù 音机(　　) 녹음기

15. lǜ 灯(　　) 녹색신호등 　 16. lùn 理(　　) 논리

17. mǎi 卖(　　) 매매(하다) 　 18. mǎn 口(　　) 한 입 가득

19. miàn 包(　　) 빵 　 20. miè 火器(　　) 소화기

3 다시 한번 써 봅시다.

1. 脸 liǎn

2. 练 liàn

3. 楼 lóu

4. 难 nán

盘 pán 접시 반 盤	刀　阝　舟　舟　盘　盘	· 盘子　pánzi　쟁반 · 算盘　suànpán　주산, 주판
	盘　盘　盘　盘　盘　盘　盘　盘　盘　盘	

苹 píng 큰개구리밥 빈 蘋	艹　艹　芢　苤　苹	· 苹果　píngguǒ　사과
	苹　苹　苹　苹　苹　苹　苹　苹　苹　苹	

评 píng 평론하다 평 評	讠　讠　评　评　评	· 评论　pínglùn　논평하다 · 评价　píngjià　평가(하다)
	评　评　评　评　评　评　评　评　评　评	

骑 qí 말타다 기 騎	马　骑　骑　骑　骑	· 骑 qí （말, 오토바이 등을）타다 · 骑马 qímǎ 말을 타다

齐 qí 가지런하다 제 齊	亠　宁　文　齐　齐	· 整齐 zhěngqí 가지런하다 · 齐唱 qíchàng 제창（하다）

气 qì 기운 기 氣	丿　一　一　气	· 空气 kōngqì 공기 · 天气 tiānqì 날씨

签 qiān 서명하다 첨 簽 ⑩	竹　竹　竿　签　签	· 签名 qiānmíng 서명하다 · 标签 biāoqiān 상표

铅 qiān 납 연 鉛	钅 钉 钌 铅 铅	· 铅笔 qiānbǐ 연필 · 铅笔刀 qiānbǐdāo 연필깎이
	铅 铅 铅 铅 铅 铅 铅 铅 铅 铅	

钱 qián 돈 전 錢	钅 钅 钱 钱 钱	· 钱 qián 돈 · 零钱 língqián 잔돈
	钱 钱 钱 钱 钱 钱 钱 钱 钱 钱	

浅 qiǎn 얕다 천 淺	氵 氵 汓 浅 浅	· 浅 qiǎn 얕다,(색이)연하다 · 浅色 qiǎnsè 연한 색
	浅 浅 浅 浅 浅 浅 浅 浅 浅 浅	

枪 qiāng 창 창 槍	十 木 杙 柃 枪	· 手枪 shǒuqiāng 권총 · 长枪 chángqiāng 장총
	枪 枪 枪 枪 枪 枪 枪 枪 枪 枪	

墙 qiáng 담 장 墙	圹 墙 墙 墙 墙	· 墙 qiáng 담, 담벽 · 墙壁 qiángbì 벽
	墙 墙 墙 墙 墙 墙 墙 墙 墙 墙	

桥	木 杧 杯 桥 桥	· 桥 qiáo 다리
qiáo 다리 교 橋	桥 桥 桥 桥 桥 桥 桥 桥 桥 桥	· 石桥 shíqiáo 돌다리

亲	立 亲 亲 辛 亲	· 父亲 fùqīn 아버지
qīn 친하다 친 親	亲 亲 亲 亲 亲 亲 亲 亲 亲 亲	· 母亲 mǔqīn 어머니

轻	车 轩 轩 轻 轻	· 轻 qīng 가볍다, (목소리) 낮다
qīng 가볍다 경 輕	轻 轻 轻 轻 轻 轻 轻 轻 轻 轻	· 年轻 niánqīng 젊다

权	一 十 木 权 权	· 政权 zhèngquán 정권
quán 권력,권한 권 權	权 权 权 权 权 权 权 权 权 权	· 权力 quánlì 권리

让 **ràng** 사양하다 양 讓	` ` 讠 计 让	· 让 ràng 양보하다, ~ 하게 하다 · 让步 ràngbù 양보하다
	让 让 让 让 让 让 让 让 让 让	

热 **rè** 뜨겁다 열 熱	扌 扌 执 执 热	· 热 rè 덥다 / 데우다, 덥히다 · 热情 rèqíng 적극적이다
	热 热 热 热 热 热 热 热 热 热	

认 **rèn** 인정하다 인 認	` 讠 认 认	· 认识 rènshi 알다 / 인식(하다) · 认为 rènwéi ~ 라고 여기다
	认 认 认 认 认 认 认 认 认 认	

软 **ruǎn** 연하다 부드럽다 연 軟	车 车 轫 轫 软	· 软弱 ruǎnruò 나약하다, 연약하다 · 心软 xīnruǎn 마음이 무르다
	软 软 软 软 软 软 软 软 软 软	

赛 sài 굿 굿할 새 賽	宀 空 宾 寒 赛	· 比塞 bǐsài 시합(하다) · 塞马 sàimǎ 경마
	赛 赛 赛 赛 赛 赛 赛 赛 赛 赛	

伞 sǎn 우산 산 傘	丿 人 介 仚 伞	· 雨伞 yǔsǎn 우산 · 落下伞 luòxiàsǎn 낙하산
	伞 伞 伞 伞 伞 伞 伞 伞 伞 伞	

扫 sǎo 쓸다 소 掃	一 丁 扌 扫 扫	· 扫除 sǎochú 청소하다 · 扫地 sǎodì 땅을 쓸다
	扫 扫 扫 扫 扫 扫 扫 扫 扫 扫	

杀 shā 죽이다 살 殺	丿 乂 乄 乊 杀	· 杀人 shārén 사람을 죽이다 · 杀气 shāqì 화풀이하다
	杀 杀 杀 杀 杀 杀 杀 杀 杀 杀	

伤 shāng 상처 상 傷	イ イ 伫 伤 伤	· 枪伤　qiāngshāng 총상 · 伤感　shānggǎn 슬퍼하다 · 伤风　shāngfēng 감기에 걸리다
	伤 伤 伤 伤 伤 伤 伤 伤 伤 伤	

烧 shāo 불타다 소 燒	火 灼 烧 烧 烧	· 发烧　fāshāo 열이 나다 · 烧饭　shāofàn 밥을 짓다
	烧 烧 烧 烧 烧 烧 烧 烧 烧 烧	

绍 shào 잇다 소개하다　소 紹	纟 纟 纫 纫 绍	· 介绍　jièshào 소개하다
	绍 绍 绍 绍 绍 绍 绍 绍 绍	

设 shè 베풀다 세우다　설 設	` 讠 讠 设 设	· 建设　jiànshè 건설하다 · 设计　shèjì 설계하다
	设 设 设 设 设 设 设 设 设 设	

审 shěn 살피다 심 審	宀 宀 宀 宙 审	· 审查　shěnchá 심사하다 · 公审　gōngshěn 공개재판
	审 审 审 审 审 审 审 审 审 审	

| 声
shēng
소리 성
聲 | 声 声 声 声 声 | · 声 shēng 소리/마디
· 声辩 shēngbiàn 변명하다
· 声音 shēngyīn 소리, 음성 |

| 胜
shèng
이기다 승
勝 | 月 刖 胪 肚 胜 | · 胜利 shènglì 승리(하다)
· 胜败 shèngbài 승패, 승부 |

| 师
shī
스승 사
師 | 丨 刂 𠃌 师 师 | · 师傅 shīfu 전수자, 기능공
· 师弟 shīdì 스승과 제자, 사제 |

| 识
shí
알다 식
기록하다 지
識 | 讠 讠 识 识 识 | · 认识 rènshi (식별해서)알다
· 识者 shízhě 식견이 있는 사람 |

| 时
shí
때 시
時 | 刂 日 旷 时 时 | · 时候 shíhou 때, 시간, 동안
· 时间 shíjiān 시간 |

实 shí 열매 실 實	宀 宀 宀 实 实	· 实践 shíjiàn 실행, 실천(하다) · 实现 shíxiàn 실현하다
试 shì 시험하다 시 試	讠 讠 讠 试 试	· 试 shì 시험삼아 ~해보다 · 考试 kǎoshì 시험보다
适 shì 알맞다 적 適	一 二 千 舌 适	· 合适 héshì 알맞다, 적합하다 · 适当 shìdàng 적당, 적절하다
视 shì 보이다 시 視	丶 礻 礻 视 视	· 电视 diànshì 텔레비전 · 视力 shìlì 시력
势 shì 권력 세 勢	扌 执 执 执 势	· 姿势 zīshì 자세 · 势力 shìlì 세력

释 **shì** 해석하다 설명하다 석 釋	立　平　釆　釈　釋　释	·解释　jiěshì　해석(하다) ·释放　shìfàng　석방(하다)

书 **shū** 책 서 書	コ　ヨ　书　书	·书　shū　책 ·书店　shūdiàn　서점, 책방

输 **shū** 실어내다 수 輸	车　轮　输　输　输	·输　shū　나르다, 패하다 ·输出　shūchū　수출(하다)

数 **shǔ, shù** 세다 수 數	米　娄　娄　娄　数　数	·数　shǔ　세다 ·数学　shùxué　수학

树 **shù** 나무 수 樹	木　权　权　树　树	·树　shù　나무 ·树木　shùmù　나무

| 双
shuāng
두 쌍
雙 | フ 又 双 双 | · 双　shuāng　쌍, 켤레
· 双单　shuāngdān　짝수와 홀수 |

| 谁
shuí, shéi
누구 수
誰 | 讠 讣 讨 讵 谁 谁 | · 谁　shuí, shéi　누구 |

| 说
shuō
말씀 설
說 | 讠 讠 说 说 说 | · 说　shuō　말하다
· 说明　shuōmíng　설명(하다) |

| 肃
sù
공손하다 숙
肅 | フ ⇒ 聿 肃 肃 | · 严肃　yánsù　엄숙하다
· 肃然　sùrán　숙연하다 |

| 诉
sù
하소연하다 소
訴 | 讠 讠 讠 诉 诉 | · 告诉　gàosu　알리다, 말하다
· 诉讼　sùsòng　소송(하다) |

虽 **suī** 비록 수 雖	口 吕 吊 虽 虽	· **虽然** suīrán 비록 · **虽说** suīshuō 비록 ~ 하지만

岁 **suì** 해 세 歲	丨 山 屵 岁 岁	· **岁** suì (나이) 살, 세 · **岁数** suìshu 나이, 연령, 연세

孙 **sūn** 손자 손 孫	了 子 孖 孙 孙	· **孙子** sūnzi 손자 · **子孙** zǐsūn 자손

损 **sǔn** 덜다 잃다 손 損	扌 扌 护 损 损	· **损害** sǔnhài 손상시키다 · **损失** sǔnshǐ 손실

1 다음 글자를 간체자로 바꾸시오.

1. 評 →(　　) 　2. 氣 →(　　) 　3. 親 →(　　) 　4. 輕 →(　　)

5. 權 →(　　) 　6. 讓 →(　　) 　7. 熱 →(　　) 　8. 認 →(　　)

9. 審 →(　　) 　10. 聲 →(　　) 　11. 師 →(　　) 　12. 識 →(　　)

13. 時 →(　　) 　14. 實 →(　　) 　15. 視 →(　　) 　16. 書 →(　　)

17. 雙 →(　　) 　18. 說 →(　　) 　19. 雖 →(　　) 　20. 歲 →(　　)

2 다음 단어를 병음을 참조로 하여 완성하시오.

1. píng 果(　　) 사과 　2. píng 论(　　) 논평하다

3. qián 笔(　　) 연필 　4. qiáng 壁(　　) 벽

5. quán 力(　　) 권리 　6. ràng 步(　　) 양보하다

7. rèn 为(　　) ~ 라고 여기다 　8. ruǎn 弱(　　) 나약하다

9. shāng 感(　　) 슬퍼하다 　10. shěn 查(　　) 심사하다

11. shēng 音(　　) 소리, 음성 　12. shī 弟(　　) 스승과 제자

13. shí 候(　　) 때, 시간 　14. shí 现(　　) 실현하다

15. shì 当(　　) 적당하다 　16. shì 力(　　) 세력

17. shū 店(　　) 서점 　18. shù 木(　　) 나무

19. suī 然(　　) 비록 　20. suì 数(　　) 나이

3 다시 한번 써 봅시다.

1. 软 ruǎn

2. 烧 shāo

3. 释 shì

4. 肃 sù

抬 tái 들다 **대** 擡	丁　扌　扩　护　抬	·抬 tái 쳐들다, 올리다, 맞들다 ·抬手 táishǒu 손을 들다
态 tài 자세 **태** 態	一　大　太　态　态	·态度 tàidù 태도 ·态势 tàishì 태세
汤 tāng 끓이다 **탕** 湯	氵　汒　汤　汤	·汤 tāng 탕, 국 ·汤药 tāngyào 탕약, 한약
讨 tǎo 치다 **토** 討	丶　讠　订　讨　讨	·讨究 tǎojiū 탐구하다 ·讨论会 tǎolùnhuì 토론회

题

tí
제목 제
題

早 早 是 题 题

- 问题 wèntí 문제
- 题目 tímù 제목, 표제, 테마

题	题	题	题	题	题	题	题	题	题

体

tǐ
몸 체
體

亻 亻 什 休 体

- 体育 tǐyù 체육
- 身体 shēntǐ 몸, 신체

体	体	体	体	体	体	体	体	体	体

条

tiáo
가지 조
條

夂 夂 冬 夅 条

- 条 tiáo ~ 가닥, ~ 개
- 条件 tiáojiàn 조건

条	条	条	条	条	条	条	条	条	条

铁

tiě
쇠 철
鐵

钅 钅 铁 铁 铁

- 钢铁 gāngtiě 강철
- 地铁 dìtiě 지하철

铁	铁	铁	铁	铁	铁	铁	铁	铁	铁

听

tīng
듣다 청
聽

口 听 听 听 听

- 听 tīng 듣다, 순종하다
- 听写 tīngxiě 받아쓰다 / 받아쓰기

听	听	听	听	听	听	听	听	听	听

偷						· 小偷儿 xiǎotōur 좀도둑
tōu 훔칠 투						· 偷看 tōukàn 몰래 보다
偸	亻 亻 亻 侖 偷					

头						· 头 tóu 머리, 끝 / ~ 마리, ~ 개
tóu 머리 두						· 头疼 tóuténg 두통, 머리가 아프다
頭	丶 丷 三 头 头					

图						· 图书馆 túshūguǎn 도서관
tú 도모하다 도						· 图表 túbiǎo 도표, 통계표
圖	冂 図 図 图 图					

团						· 团结 tuánjié 단결하다
tuán 둥글다 모임 단						· 团体 tuántǐ 단체
團	冂 冃 团 团 团					

腿						· 腿 tuǐ 다리
tuǐ 넙적다리 퇴						· 大腿 dàtuǐ 넓적다리
腿	月 月ㄱ 肌 腿 腿					

<table>
<tr><td rowspan="2">退
tuì
물러나다 퇴
退</td><td colspan="5">フ ヨ 尸 艮 退</td><td colspan="3">· 退 tuì 물러나다, 물리다
· 后退 hòutuì 후퇴(하다)</td></tr>
<tr><td>退</td><td>退</td><td>退</td><td>退</td><td>退</td><td>退</td><td>退</td><td>退</td></tr>
<tr><td></td><td></td><td></td><td></td><td></td><td></td><td></td><td></td><td></td></tr>
</table>

袜 **wà** 버선 말 襪	㇒ ㇇ 衤 衤 衤 袜	・袜子　wàzi　양말 ・袜号　wàhào　양말의 치수
	袜 袜 袜 袜 袜 袜 袜 袜 袜 袜	

万 **wàn** 일만 만 萬	一 丁 万	・万　wàn　만 ・万事　wànshì　만사, 모든 일
	万 万 万 万 万 万 万 万 万 万	

网 **wǎng** 그물 망 網	丨 冂 冈 冈 网	・网球　wǎngqiú　테니스 ・渔网　yúwǎng　고기그물 ・铁丝网　tiěsīwǎng　철조망
	网 网 网 网 网 网 网 网 网 网	

为 **wéi, wèi** ~하다 위 爲	丶 ソ 为 为	・为　wéi　하다, ~로 하다, 만들다 ・为了　wèile　위하다 / ~을 위하여
	为 为 为 为 为 为 为 为 为 为	

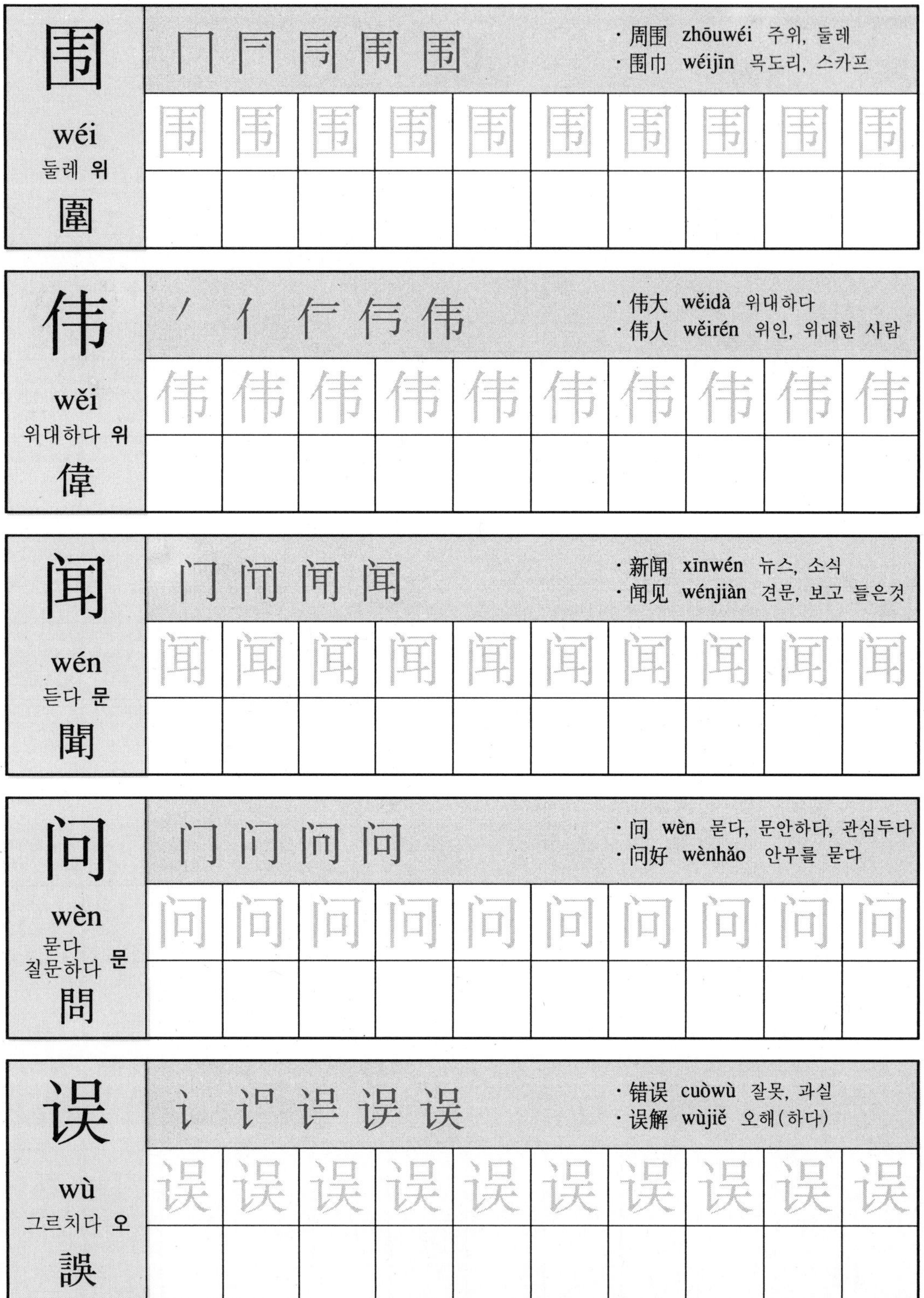

围 wéi 둘레 위 圍	门 冂 冋 周 围	· 周围 zhōuwéi 주위, 둘레 · 围巾 wéijīn 목도리, 스카프
伟 wěi 위대하다 위 偉	丿 亻 仁 佇 伟	· 伟大 wěidà 위대하다 · 伟人 wěirén 위인, 위대한 사람
闻 wén 듣다 문 聞	门 冋 闸 闻	· 新闻 xīnwén 뉴스, 소식 · 闻见 wénjiàn 견문, 보고 들은것
问 wèn 묻다 질문하다 문 問	门 问 问 问	· 问 wèn 묻다, 문안하다, 관심두다 · 问好 wènhǎo 안부를 묻다
误 wù 그르치다 오 誤	讠 讠 误 误 误	· 错误 cuòwù 잘못, 과실 · 误解 wùjiě 오해(하다)

<table>
<tr>
<td rowspan="3">务
wù
힘쓰다 무
務</td>
<td>ノ ク 夂 冬 务</td>
<td>· 服务 fúwù 봉사하다, 일하다
· 事务 shìwù 사무</td>
</tr>
<tr>
<td colspan="2">务 务 务 务 务 务 务 务 务 务</td>
</tr>
<tr>
<td colspan="2"></td>
</tr>
</table>

X

| 习
xí
익히다 습
習 | 乛 习 习 | · 学习 xuéxí 배우다, 공부하다
· 习惯 xíguàn 습관/~에 습관되다 |

| 细
xì
가늘다 세
細 | 纟 纟 纫 细 细 | · 细 xì 가늘다, 좁다, (목소리) 낮다
· 细心 xìxīn 세심하다, 주의 깊다 |

| 戏
xì
놀다 희
戲 | 又 又 䦉 戏 戏 | · 游戏 yóuxì 놀다, 유희하다
· 戏法 xìfǎ 요술, 마술 |

| 系
xì
잇다 계
係 | 丆 丆 豸 系 系 | · 系 xì 학과
· 关系 guānxi 관계, 관련되다 |

险	了 阝 阝 险 险	· 危险 wēixiǎn 위험(하다) · 保险 bǎoxiǎn 보험
xiǎn 위험하다 험 險	险 险 险 险 险 险 险 险 险 险	

线	ㄠ 纟 纟 线 线 线	· 电线 diànxiàn 전깃줄 · 光线 guāngxiàn 광선 · 直线 zhíxiàn 직선
xiàn 실 선 線	线 线 线 线 线 线 线 线 线 线	

现	一 丁 王 玑 现	· 现代 xiàndài 현대 · 现在 xiànzài 현재
xiàn 나타나다 현 現	现 现 现 现 现 现 现 现 现 现	

乡	ㄥ ㄠ 乡	· 城乡 chéngxiāng 도시와 농촌 · 故乡 gùxiāng 고향
xiāng 마을 향 鄉	乡 乡 乡 乡 乡 乡 乡 乡 乡 乡	

响	冂 口 口' 叩 响	· 响 xiǎng 소리나다, 우렁차다 · 响应 xiǎngyìng 호응하다
xiǎng 소리 향 響	响 响 响 响 响 响 响 响 响 响	

写 xiě 쓰다 사 寫	一　亇　写　写	· 写　xiě　쓰다, 묘사하다 · 写稿　xiěgǎo　원고를 쓰다
谢 xiè 감사하다 사 謝	讠　讠　诮　谢　谢	· 谢谢　xièxie　감사하다 · 谢金　xièjīn　사례금
兴 xìng 일어나다 흥겹다 흥 興	丶　丷　丷　丷　兴	· 高兴　gāoxìng　기뻐하다 · 兴味　xìngwèi　흥미, 흥취
须 xū 모름지기 수 須	彡　彡　须　须　须	· 必须　bìxū　반드시 ~ 해야한다 · 须要　xūyào　반드시 ~ 해야한다
虚 xū 비다 허 虛	广　虍　虍　虚　虚	· 空虚　kōngxū　텅 비다, 공허 · 虚心　xūxīn　겸허하다

许 xǔ 허락하다 가량,쯤 허 許	讠 讠 许 许 许									·许多　xǔduō　많다 ·允许　yǔnxǔ　윤허하다, 허락하다
	许	许	许	许	许	许	许	许	许	

续 xù 잇다 속 續	纟 纩 续 续 续									·续编　xùbiān　속편 ·继续　jìxù　계속하다
	续	续	续	续	续	续	续	续	续	

选 xuǎn 가리다 선 選	' ⌐ 牛 先 选									·选举　xuǎnjǔ　선거(하다) ·选择　xuǎnzé　선택하다
	选	选	选	选	选	选	选	选	选	

学 xué 배우다 학 學	⸌ ⸌⸌ ⸌⸌⸌ 学 学									·学　xué　배우다, 흉내내다 ·学生　xuésheng　학생 ·学习　xuéxí　공부하다
	学	学	学	学	学	学	学	学	学	

1 다음 글자를 간체자로 바꾸시오.

1. 態 →(　　) 　2. 討 →(　　) 　3. 體 →(　　) 　4. 條 →(　　)

5. 聽 →(　　) 　6. 頭 →(　　) 　7. 圖 →(　　) 　8. 團 →(　　)

9. 萬 →(　　) 　10. 爲 →(　　) 　11. 偉 →(　　) 　12. 問 →(　　)

13. 務 →(　　) 　14. 習 →(　　) 　15. 鄕 →(　　) 　16. 寫 →(　　)

17. 興 →(　　) 　18. 續 →(　　) 　19. 選 →(　　) 　20. 學 →(　　)

2 다음 단어를 병음을 참조로 하여 완성하시오.

1. tái 手(　　) 손을 들다 　　　2. tài 度(　　) 태도

3. tǎo 究(　　) 탐구하다 　　　4. tí 目(　　) 제목

5. tǐ 育(　　) 체육 　　　6. tiáo 件(　　) 조건

7. tīng 写(　　) 받아쓰기 　　　8. tōu 看(　　) 몰래 보다

9. tú 书馆(　　) 도서관 　　　10. tuán 体(　　) 단체

11. wěi 人(　　) 위인 　　　12. wèn 好(　　) 안부를 묻다

13. wù 解(　　) 오해하다 　　　14. xì 心(　　) 세심하다

15. xiàn 在(　　) 현재 　　　16. xìng 味(　　) 흥미

17. xù 要(　　) 반드시 ～해야한다 　　　18. xǔ 多(　　) 많다

19. xuǎn 举(　　) 선거(하다) 　　　20. xué 习(　　) 공부하다

3 다시 한번 써 봅시다.

1. 铁 tiě
2. 袜 wà
3. 戏 xì
4. 险 xiǎn

压 yā 누르다 압 壓	厂 厂 圧 压 压	· 压力　yālì　압력 · 压倒　yādǎo　압도(하다)
	压 压 压 压 压 压 压 压 压 压	

亚 yà 버금 아 亞	一 丅 亐 亚 亚 亚	· 亚军　yàjūn　아군, 2등, 준우승자 · 亚洲　yàzhōu　아시아
	亚 亚 亚 亚 亚 亚 亚 亚 亚 亚	

严 yán 엄하다 엄 嚴	一 丅 丆 亚 严	· 严密　yánmì　엄밀(하다) · 严格　yángé　엄격(하다)
	严 严 严 严 严 严 严 严 严 严	

颜 yán 얼굴 안 顔	亠 产 彦 颜 颜	· 颜色　yánsè　색깔 · 容颜　róngyán　모습, 용모
	颜 颜 颜 颜 颜 颜 颜 颜 颜	

艳 yàn 곱다 염 艷	丰　丰′　艳　艳　艳	· 艳丽　yànlì　눈부시게 아름답다 · 艳歌　yàngē　연가, 사랑의 노래
验 yàn 시험하다 험 驗	丁　马　马′　验　验	· 经验　jīngyàn　경험 · 验证　yànzhèng　검증하다
阳 yáng 볕 양 陽	了　阝　阳　阳　阳	· 太阳　tàiyáng　태양 · 阳伞　yángsǎn　양산
扬 yáng 날리다 떨치다 양 揚	丁　扌　扬　扬　扬	· 表扬　biǎoyáng　칭찬하다 · 扬扬　yángyáng　의기양양하다
养 yǎng 기르다 양 養	ヾ　兰　关　美　养	· 养育　yǎngyù　부양, 양육(하다) · 休养　xiūyǎng　휴양(하다)

样 yàng 모양 양 樣	十 木 栏 样 样	· 样子 yàngzi 모양, 맵시, 표정 · 样本 yàngběn 견본, 카달로그
药 yào 약 약 藥	一 艹 艻 药 药	· 药 yào 약 · 中药 zhōngyào 한약
页 yè 머리 혈 頁	一 ア 页 页 页	· 页 yè 쪽, 페이지 · 页码 yèmǎ 쪽수, 페이지수
业 yè 업 업 業	丨 刂 业 业 业	· 农业 nóngyè 농업 · 作业 zuòyè 숙제
医 yī 의원 의 醫	一 デ 医 医 医	· 医生 yīshēng 의사 · 医院 yīyuàn 병원

亿 yì 억 억 億	ノ 亻 亿	· 亿 yì 억 · 亿万 yìwàn 억만(의), 무수(한)
谊 yì 옳다 의 誼	讠 讠 讠 谊 谊	· 友谊 yǒuyì 우정, 친선 · 情谊 qíngyì 정의, 정서
译 yì 통역하다 역 譯	讠 译 译 译 译	· 翻译 fānyi 번역,통역(하다) · 译费 yìfèi 번역료
艺 yì 재주 예 藝	一 十 艹 艺	· 艺术 yìshù 예술 · 工艺 gōngyì 공예
义 yì 뜻 의 義	丶 丷 义	· 义务 yìwù 의무, 서비스(하다) · 意义 yìyì 뜻, 의의, 가치, 보람

阴 yīn 음지 음 陰	⻖ 阝 阴 阴 阴	· 阴 yīn 흐리다, 음흉하다 · 阴天 yīntiān 흐린 날씨(하늘)
	阴 阴 阴 阴 阴 阴 阴 阴 阴 阴	

银 yín 은 은 銀	钅 钅 钅 银 银	· 银行 yínháng 은행 · 银星 yínxīng 영화스타, 배우
	银 银 银 银 银 银 银 银 银 银	

应 yīng 응하다 응 應	丶 亠 广 应 应	· 应该 yīnggāi 마땅히 ~해야 한다 · 应当 yīngdāng 응당 ~해야 한다
	应 应 应 应 应 应 应 应 应 应	

赢 yíng 남다 이기다 영 赢	亠 亠 言 亭 赢 赢	· 赢 yíng 이기다 · 赢利 yínglì 이익, 이득, 이윤
	赢 赢 赢 赢 赢 赢 赢 赢 赢 赢	

拥 yōng 끼다 안다 옹 擁	扌 扌 扪 拥 拥	· 拥抱 yōngbào 껴안다 · 拥护 yōnghù 옹호(하다)
	拥 拥 拥 拥 拥 拥 拥 拥 拥 拥	

邮 yóu 지나다 우 郵	冂　巾　由　由阝　邮	・邮局　yóujú　우체국 ・邮票　yóupiào　우표
愉 yú 기뻐하다 유 구차하다 투 愉	ﾉ丶　忄　忄　愉　愉	・愉快　yúkuài　즐겁다 ・愉目　yúmù　눈을 즐겁게 하다
鱼 yú 물고기 어 魚	ﾉ　夕　兔　鱼　鱼	・鱼　yú　물고기 ・鱼盆　yúpén　어항
余 yú 나머지 여 餘	ﾉ　人　仐　仐　余	・剩余　shèngyú　남다, 남기다 ・余地　yúdì　여지
语 yǔ 말 어 語	讠　讠　讠　语　语	・语法　yǔfǎ　문법, 어법 ・语言　yǔyán　언어, 말

预 yù 미리 예, 여 預	ㄱ　ㄱ　予　预　预	· 预习 yùxí 예습(하다) · 预约 yùyuē 예약(하다) · 预报 yùbào 예보(하다)

员 yuán 관원 원 員	ㄇ　ㄇ　吕　吕　员	· 服务员 fúwùyuán 종업원 · 职员 zhíyuán 직원

园 yuán 동산 원 園	ㄇ　ㄇ　ㄇ　园　园	· 公园 gōngyuán 공원 · 园艺 yuányì 원예

圆 yuán 둥글다 원 圓	ㄇ　ㄇ　ㄇ　圆　圆	· 圆 yuán 둥글다 / 원, 동그라미 · 圆木 yuánmù 통나무

远 yuǎn 멀다 원 遠	一　二　テ　元　远	· 远 yuǎn 멀다, 오래다 · 远镜 yuǎnjìng 망원경

愿 yuàn 바라다 원 願	厂 厍 厒 原 愿	・愿意 yuànyì 원하다 ・愿书 yuànshū 원서, 지원서
	愿 愿 愿 愿 愿 愿 愿 愿 愿 愿	

云 yún 구름 운 雲	一 二 云 云	・云 yún 구름 / 말하다, 이르다 ・云彩 yúncai 구름
	云 云 云 云 云 云 云 云 云 云	

运 yùn 행하다 운 運	一 二 云 云 运	・运 yùn 이동하다, 운반하다 / 운명 ・运动 yùndòng 운동(하다) ・运行 yùnxíng 운행(하다)
	运 运 运 运 运 运 运 运 运 运	

杂 zá 섞이다 잡 雜	ノ 九 九 杂 杂	・复杂 fùzá 복잡(하다) ・杂乱 záluàn 난잡(하다)
	杂 杂 杂 杂 杂 杂 杂 杂 杂 杂	

灾 zāi 화재 재 재난 災	宀 宀 宀 灾 灾	・灾害 zāihài 재해 ・灾难 zāinán 재난
	灾 灾 灾 灾 灾 灾 灾 灾 灾 灾	

脏 zāng 꼬장꼬장하다 장 髒	月 月 胪 脏 脏	・脏 zāng 더럽다, 어지럽다 ・脏水 zāngshuǐ 더러운 물, 하수
	脏 脏 脏 脏 脏 脏 脏 脏 脏 脏	

责 zé 꾸짖다 책 責	十 丰 责 责 责	・职责 zhízé 직책 ・责任感 zérèngǎn 책임감
	责 责 责 责 责 责 责 责 责 责	

战 zhàn 싸움 전 戰	占 占 战 战 战	· 战友 zhànyǒu 전우 · 战争 zhànzhēng 전쟁
张 zhāng 베풀다 장 張	弓 弓 弘 张 张	· 张 zhāng ~ 장(양사) · 一张纸 yìzhāngzhǐ 종이 한 장
这 zhè 이 저 這	丶 亠 文 文 这	· 这 zhè 이, 이것 · 这个 zhège 이, 이것 · 这里（这儿） zhèlǐ（zhèr） 여기
真 zhēn 참 진 眞	十 古 直 直 真	· 真 zhēn 진짜, 정말 · 真正 zhēnzhèng 진짜의, 진심의
证 zhèng 증명하다 증 證	讠 订 讧 证 证	· 证明 zhèngmíng 증명하다 · 证据 zhèngjù 증거

织 **zhī** 짜다 직 織	ㄠ ㄠ 织 织 织	· 组织 zǔzhī 조직(하다) · 织女星 zhīnǚxīng 직녀성
	织 织 织 织 织 织 织 织 织 织	

直 **zhí** 곧다 직 直	十 广 古 百 直	· 一直 yìzhí 줄곧, 곧게 · 直角 zhíjiǎo 직각
	直 直 直 直 直 直 直 直 直 直	

职 **zhí** 구실 벼슬 직 職	丁 下 耳 耶 职	· 尽职 jìnzhí 직책을 다하다 · 职员 zhíyuán 직원, 사무원
	职 职 职 职 职 职 职 职 职 职	

纸 **zhǐ** 종이 지 紙	ㄠ ㄠ 纟 纤 纸	· 纸 zhǐ 종이 · 纸币 zhǐbì 지폐, 종이돈
	纸 纸 纸 纸 纸 纸 纸 纸 纸 纸	

钟 **zhōng** 쇠북 종 鍾	트 钅 钉 钌 钟	· 钟 zhōng 종, 시계 · 点钟 diǎnzhōng (시간)시 · 钟头 zhōngtóu 시간
	钟 钟 钟 钟 钟 钟 钟 钟 钟 钟	

种 zhǒng zhòng 씨앗 종 種	千　禾　和　和　种	· 种　zhǒng 종자, 씨앗 / 가지, 종류 　　zhòng 심다, 가꾸다 · 各种　gèzhǒng 각종

准 zhǔn 수준기 법도 준 準	冫　冫丨　汼　准　准	· 准备　zhǔnbèi 준비하다 · 准证　zhǔnzhèng 허가증

总 zǒng 거느리다 총 總	丷　䒑　兰　总　总	· 总(是)　zǒng(shì) 늘, 반드시 · 总体　zǒngtǐ 총체, 전체

装 zhuāng 꾸미다 장 裝	丬　壮　壯　柒　装	· 装　zhuāng ~인 체하다, 분장하다 · 装饰　zhuāngshì 장식하다

着 zhuó, zhe 붙다 착 着	丷　兰　羊　差　着	· 着手　zhuóshǒu 착수하다 · 着　zhe 행동의 지속, 결과나 상태

<table>
<tr><td rowspan="2">组
zǔ
짜다
만들다 조
組</td><td>纟 纟 纠 组 组</td><td>· 组合　zǔhé　조합 (하다)
· 组成　zǔchéng　구성 (하다)</td></tr>
<tr><td colspan="2">组 组 组 组 组 组 组 组 组</td></tr>
</table>

<table>
<tr><td rowspan="2">尊
zūn
높을 존
尊</td><td>䒑 酋 酋 尊 尊</td><td>· 尊卑　zūnbēi　존귀와 비천
· 尊敬　zūnjìng　존경 (하다)</td></tr>
<tr><td colspan="2">尊 尊 尊 尊 尊 尊 尊 尊 尊</td></tr>
</table>

1 다음 글자를 간체자로 바꾸시오.

1. 亞 →(　　)　　2. 嚴 →(　　)　　3. 陽 →(　　)　　4. 養 →(　　)

5. 業 →(　　)　　6. 醫 →(　　)　　7. 藝 →(　　)　　8. 義 →(　　)

9. 應 →(　　)　　10. 魚 →(　　)　　11. 園 →(　　)　　12. 遠 →(　　)

13. 運 →(　　)　　14. 雜 →(　　)　　15. 災 →(　　)　　16. 眞 →(　　)

17. 證 →(　　)　　18. 鍾 →(　　)　　19. 總 →(　　)　　20. 尊 →(　　)

2 다음 단어를 병음을 참조로 하여 완성하시오.

1. yā 力(　　　) 압력 　　　　　　2. yán 格(　　　) 엄격(하다)

3. yán 色(　　　) 색깔 　　　　　　4. yǎng 育(　　　) 양육(하다)

5. yè 码(　　　) 쪽수, 페이지수 　　6. yī 院(　　　) 병원

7. yì 术(　　　) 예술 　　　　　　8. yín 行(　　　) 은행

9. yīng 该(　　　) 마땅히 ～해야 한다　10. yóu 局(　　　) 우체국

11. yǔ 言(　　　) 언어, 말 　　　　12. yù 习(　　　) 예습(하다)

13. yuàn 意(　　　) 원하다 　　　　14. yún 彩(　　　) 구름

15. yùn 动(　　　) 운동하다 　　　　16. zāi 难(　　　) 재난

17. zhàn 争(　　　) 전쟁 　　　　　18. zhèng 明(　　　) 증명(하다)

19. zhí 员(　　　) 직원 　　　　　　20. zhǔn 备(　　　) 준비(하다)

3 다시 한번 써 봅시다.

1. 艳 yàn

2. 验 yàn

3. 药 yào

4. 谊 yì

부록편

상용 중국어 빈도순
1000 자

※ 〈中国语言文字工作委员会〉와 〈国家教育委员会〉에서
선별한 2500 자 가운데서 순차적으로 선별한것임

순서	한어 (번체자)	병음	뜻
1	的	de	~적인, ~의
2	一	yī	일, 하나, 같다
3	是	shì	~이다
4	了	le, liǎo	완료, 완료하다
5	不	bù	부정의 의미
6	在	zài	~에, 존재하다
7	有	yǒu	있다
8	人	rén	사람
9	上	shàng	~위에, 위로
10	这 (這)	zhè	이런, 이러한
11	大	dà	크다, 큰
12	我	wǒ	나는, 나
13	国 (國)	guó	나라, 국가
14	来	lái	오다
15	们 (們)	men	[복수형] ~들
16	和	hé	~와 함께
17	个 (個)	gè	~개의, 각각
18	他	tā	그는, 그 사람
19	中	zhōng	가운데에, 중간의
20	说 (說)	shuō	말하다
21	到	dào	도착하다, ~까지
22	地	dì, de	땅, ~의
23	为 (爲)	wéi, wèi	하다, ~를 위해
24	以	yǐ	~로써
25	子	zǐ, zi	아들, [접미사]
26	小	xiǎo	작은, 어린
27	就	jiù	곧, 가까이 하다
28	时 (時)	shí	~시, ~할 때
29	全	quán	완전하다, 전부
30	可	kě	가능, 동의, 허가
31	下	xià	아래, 끝내다
32	要	yào	~해야 한다
33	十	shí	열, 십

순서	한어 (번체자)	병음	뜻
34	生	shēng	산, 살다
35	会 (會)	huì	할 수 있다, 모임
36	也	yě	~도 역시
37	出	chū	나가다, 출발하다
38	年	nián	해, ~년
39	得	dé, děi	얻다, ~해야 한다
40	你	nǐ	당신, 너
41	主	zhǔ	주인, 주된
42	用	yòng	사용하다
43	那	nà	그런, 그러한
44	道	dào	길, 도리, 말하다
45	学 (學)	xué	배우다, 학문
46	工	gōng	일꾼, 작업
47	多	duō	많은, 많다
48	去	qù	가다
49	发	fā	보내다, 발생하다
50	作	zuò	만들다, 조작하다
51	自	zì	자기자신, ~로부터
52	好	hǎo, hào	좋은, 좋아하다
53	过 (過)	guò	지나가다
54	动 (動)	dòng	움직이다, 동물
55	对	duì	~에 대해, 대상
56	行	xíng	가다, 행하다
57	里 (裏)	lǐ	~안에, 안
58	能	néng	할 수 있다, 능력
59	二	èr	이, 둘
60	天	tiān	하늘
61	三	sān	삼, 셋
62	同	tóng	같은, 함께
63	成	chéng	되다, 이루다
64	活	huó	살다, 살아있는
65	太	tài	큰
66	事	shì	일

순서	한어 (번체자)	병음	뜻
67	面 (麵)	miàn	얼굴, 국수
68	民	mín	백성, 사람
69	日	rì	날, 날짜
70	家	jiā	집, 가족
71	方	fāng	방향
72	后 (後)	hòu	뒤에, 뒤
73	都	dōu	모두
74	于	yú	~에
75	之	zhī	~의
76	分	fēn	분, 나누다
77	经 (經)	jīng	경험, 거치다
78	种 (種)	zhǒng, zhòng	종류, 씨뿌리다
79	还 (還)	hái, huàn	여전히, 돌아가다
80	看	kàn	보다
81	产 (產)	chǎn	생산하다, 낳다
82	所	suǒ	장소, 곳
83	起	qǐ	일어서다, 일어나다
84	把	bǎ	잡다, 접근하다
85	进 (進)	jìn	나아가다, 들어가다
86	前	qián	앞, (시간) 전
87	着	zháo, zhuó	접촉하다, 입다
88	没	méi	없다
89	而	ér	~하고, ~까지
90	样 (樣)	yàng	모양, 형태
91	部	bù	부분, 부서
92	长 (長)	cháng, zhǎng	길다, 나이가 많은
93	又	yòu	또, 한편, 다시
94	门 (門)	mén	문, 가문, 집안
95	法	fǎ	방법, 법, 법률
96	从 (從)	cóng	~로 부터
97	本	běn	근본, 본래의
98	定	dìng	안정되다, 정하다
99	见 (見)	jiàn	보다, 견해
100	两 (兩)	liǎng	둘, 양쪽
101	新	xīn	새롭다
102	现 (現)	xiàn	현재, 나타나다
103	如	rú	만약 ~ 라면
104	么 (麼)	me	[접미사]
105	力	lì	힘, 효능
106	等	děng	기다리다, 기타
107	电 (電)	diàn	전기, 전력
108	开 (開)	kāi	열다, 시작하다
109	五	wǔ	다섯, 오
110	心	xīn	마음, 심정
111	只 (隻, 祇)	zhī	단일의, 짝
112	实 (實)	shí	실제, 진실되다
113	社	shè	단체, 조합
114	水	shuǐ	물
115	外	wài	외부의, 바깥
116	政	zhèng	정치, 행정
117	很	hěn	매우
118	高	gāo	높은, 높다
119	月	yuè	달, 개월
120	业 (業)	yè	업종, 일
121	当 (當)	dāng, dàng	상당하다, 알맞다
122	义 (義)	yì	정의, 의의, 뜻
123	些	xiē	조금, 약간, 몇
124	加	jiā	더하다, 늘다
125	老	lǎo	늙다, 나이먹다
126	著	zhù	현저하다, 분명하다
127	四	sì	넷, 사
128	头 (頭)	tóu	머리, 우두머리
129	因	yīn	원인, 이유
130	向 (嚮)	xiàng	~을 향해, 향하다
131	理	lǐ	이치, 이유
132	点 (點)	diǎn	점, 방울

순서	한어 (번체자)	병음	뜻
133	合	hé	감다, 전부, 맞다
134	明	míng	밝은, 명확한
135	无 (無)	wú	없다, ~ 이 아니다
136	机 (機)	jī	기계, 비행기
137	意	yì	생각, 뜻, 의미
138	使	shǐ	파견하다, 쓰다
139	第	dì	차례, 순서
140	正	zhèng	곧다, 정면, 정식의
141	度	dù	정도, 법도
142	物	wù	물건, 물질
143	想	xiǎng	생각, ~ 하려하다
144	体 (體)	tǐ	몸, 신체, 물체
145	此	cǐ	이것, 이 때, 이 곳
146	知	zhī	지식, 알다
147	关 (關)	guān	닫다, 폐업하다
148	制 (製)	zhì	제조하다, 제한하다
149	然	rán	맞다, ~ 한 상태
150	其	qí	그런, 어찌, 그들의
151	表 (鏢)	biǎo	표, 표시하다
152	重	zhòng	무겁다
153	化	huà	변하다, 녹다, ~ 화
154	应 (應)	yīng	응하다, 응당
155	各	gè	갖가지, 각자, 각기
156	但	dàn	다만, 오직, 그러나
157	者	zhě	자, 것
158	间 (間)	jiān	사이, 중간, 방
159	百	bǎi	백, 전혀
160	比	bǐ	비교하다, 비율
161	什	shén	무엇
162	儿 (兒)	ér	아이, 젊은이
163	公	gōng	공공의, 공용
164	做	zuò	하다, 만들다
165	九	jiǔ	아홉, 구
166	相	xiāng	서로, 함께
167	气 (氣)	qì	기체, 공기, 성내다
168	命	mìng	운명, 명령하다
169	西	xī	서쪽
170	话 (話)	huà	말, 말하다
171	将 (將)	jiāng	장차, 장래의
172	内	nèi	안쪽, 속, 내부
173	与 (與)	yǔ	주다, ~ 와 함께
174	由	yóu	~ 로 인하여, 이유
175	利	lì	이익, 이롭다
176	今	jīn	지금, 금년
177	手	shǒu	손, 손목
178	平	píng	안정, 평평하다
179	量	liàng	양, 분량, 한도
180	员 (員)	yuán	성원, 구성원
181	回 (廻)	huí	회전하다, 횟수
182	情	qíng	감정, 사랑
183	几 (幾)	jǐ	몇몇의, 몇
184	最	zuì	가장, 최고
185	八	bā	여덟, 팔
186	级 (級)	jí	급, 단계
187	位	wèi	곳, 자리, 분, 명
188	结 (結)	jié	묶다, 끝맺다
189	性	xìng	성
190	代	dài	대표, 대신하다
191	教	jiào	가르치다, 종교
192	次	cì	순서, 차례, 다음의
193	路	lù	길, 지역
194	党 (黨)	dǎng	정당, 당
195	六	liù	여섯, 육
196	便	biàn	편리하다, 대소변
197	原	yuán	최초의, 원래의
198	军 (軍)	jūn	군, 군대

순서	한어 (번체자)	병음	뜻
199	总 (總)	zǒng	총괄하다, 늘, 줄곧
200	走	zǒu	걷다, 가다
201	象	xiàng	코끼리, 형태, 모양
202	口	kǒu	입, ~ 명
203	七	qī	일곱, 칠
204	先	xiān	앞장, 먼저, 우선
205	常	cháng	항상, 늘
206	题 (題)	tí	제목, 문제, 말하다
207	入	rù	들어가다
208	给 (給)	gěi	주다, ~ 에게
209	己	jǐ	자기 자신, 몸
210	队 (隊)	duì	열, 대열, 팀
211	战 (戰)	zhàn	전쟁
212	果	guǒ	과실, 결과
213	完	wán	완전하다, 끝나다
214	反	fǎn	반대로, 반대
215	白	bái	흰색, 쓸데없다
216	建	jiàn	짓다, 제안하다
217	革	gé	가죽, 고치다
218	立	lì	세우다, 서다
219	少	shǎo	양이 적은
220	文	wén	문장, 문
221	打	dǎ	때리다, 치다
222	论 (論)	lùn	논리, 논하다
223	门 (門)	mén	문, 출입구
224	东 (東)	dōng	동쪽, 동편
225	女	nǚ	여자, 여성
226	放	fàng	놓아주다, 쉬다
227	期	qī	시기, 정하다
228	真	zhēn	진짜의, 정말
229	数 (數)	shù	숫자, 수
230	展	zhǎn	펴다, 전시하다
231	资 (資)	zī	자원, 금전, 자질

순서	한어 (번체자)	병음	뜻
232	通	tòng	통하다, ~ 을 통해
233	农 (農)	nóng	농사, 농업
234	名	míng	이름, 명칭
235	解	jiě	나누다, 풀다
236	叫	jiào	외치다, 부르다
237	提	tí	제공하다
238	或	huò	혹시, 아마
239	山	shān	산
240	线 (線)	xiàn	선, 실마리
241	条 (條)	tiáo	나뭇가지, 조목
242	别 (彆)	bié	다른, 구별된
243	学 (學)	xué	배우다, 학문
244	万 (萬)	wàn	만, 매우 많은
245	系 (係)	xì	계통, 학과
246	已	yǐ	그치다, 이미, 벌써
247	形	xíng	형상, 실체
248	它	tā	그, 저, 그것
249	边 (邊)	biān	변, ~ 쪽
250	阶 (階)	jiē	계단, 층계
251	报 (報)	bào	알리다, 응답하다
252	官	guān	관리, 공동의
253	决	jué	결심하다, 정하다
254	她	tā	그녀
255	及	jí	도달하다, 및, 와
256	争	zhēng	다투다, 경쟁하다
257	声 (聲)	shēng	소리, 음성
258	北	běi	북방, 패하다
259	求	qiú	요청하다, 구하다
260	世	shì	생애, 세상
261	耍	shuǎ	마음대로 다루다
262	美	měi	아름다운, 미
263	再	zài	~ 에, 존재하다
264	听 (聽)	tīng	듣다, 청력

순서	한어 (번체자)	병음	뜻
265	才 (纔)	cái	재능, 방금, 막
266	运 (運)	yùn	이동하다, 운명
267	必	bì	반드시, 꼭
268	安	ān	안정하다, 평안히
269	取	qǔ	취하다
270	被	bèi	이불, 당하다
271	南	nán	남쪽, 남
272	接	jiē	연결하다, 잇다
273	华 (華)	huá	빛나다, 정화
274	干 (幹,乾)	gān	간부, 건조하다
275	区 (區)	qū	구역
276	身	shēn	몸, 신체
277	济 (濟)	jǐ, jì	강을 건너다, 돕다
278	共	gòng	함께, 같이, 전부
279	计 (計)	jì	계산하다, 계량기
280	特	tè	특히, 특별하다
281	改	gǎi	고치다, 바꾸다
282	吃	chī	먹다, 마시다
283	书 (書)	shū	책
284	马 (馬)	mǎ	말
285	组 (組)	zǔ	조직하다, 조, 벌
286	界	jiè	경계, 범위, 계
287	议 (議)	yì	의견, 의논하다
288	车 (車)	chē	차, 수레
289	并	bìng	합치다, 함께, 결코
290	海	hǎi	바다, 큰 호수
291	育	yù	기르다, 양육하다
292	思	sī	생각, 사색하다
293	设 (設)	shè	설비, 설치하다
294	件	jiàn	일, 사건, 문서
295	光	guāng	빛, 풍경, 밝다
296	强	qiǎng, qiáng	힘세다, 억지로 하다
297	品	pǐn	상품
298	直	zhí	곧다, 세로의
299	许 (許)	xǔ	허락, 칭찬하다
300	造	zào	만들다, 조작하다
301	务 (務)	wù	임무, 힘 쏟다
302	流	liú	흐르다
303	治	zhì	다스리다, 다루다
304	领 (領)	lǐng	깃, 지도자, 이끌다
305	联 (聯)	lián	연결하다, 연합
306	金	jīn	쇠, 철
307	记 (記)	jì	기억하다, 적다
308	任	rèn	임명하다, 임무
309	受	shòu	받다, 참다
310	极 (極)	jí	절정, 극도, 아주
311	基	jī	기초, 의거하다
312	质 (質)	zhì	성질, 물질
313	指	zhǐ	손가락, 가리키다
314	帮 (幫)	bāng	돕다
315	目	mù	눈, 조목, 목차
316	市	shì	시내
317	快	kuài	빠르다, 속도
318	千 (韆)	qiān	천, 절대로, 결코
319	导 (導)	dǎo	이끌다, 지도하다
320	花	huā	꽃
321	科	kē	과목, 과
322	难 (難)	nán	어렵다
323	深	shēn	깊다, 심도
324	保	bǎo	보호하다
325	住	zhù	살다, 머무르다
326	统 (統)	tǒng	계통, 거느리다
327	管	guǎn	관, 담당하다
328	处 (處)	chù	장소, 처하다
329	认 (認)	rèn	인정하다, 식별
330	志	zhì	뜻, 기억하다

| --- | --- | --- | --- |
331	图 (圖)	tú	그림, 도표
332	则 (則)	zé	규범, ~하면 된다
333	研	yán, yàn	연구하다, 벼루
334	劳 (勞)	láo	일하다, 피로
335	每	měi	각~마다, 늘
336	场 (場)	cháng, chǎng	마당, 장소
337	带 (帶)	dài	띠, 지니다
338	亲 (親)	qīn	부모, 친히, 친족
339	至	zhì	~에 이르러
340	根	gēn	뿌리, 근원
341	更	gēng, gèng	바꾸다, 더욱
342	斗 (鬪)	dòu	싸우다
343	收	shōu	거두어 들이다
344	信	xìn	신용, 믿다, 편지
345	究	jiū	연구하다
346	且	qiě	잠시, 게다가
347	怎	zěn	왜, 어째서
348	近	jìn	가깝다, 근처의
349	非	fēi	잘못, ~이 아니다
350	料	liào	예상하다, 재료
351	何	hé	어떤, 어떠한
352	呢	ne	[의문조사]
353	热 (熱)	rè	열, 열렬하다
354	术 (術)	shù	기술, 학술
355	夫	fū	남편, 성인남자
356	眼	yǎn	눈, 안목
357	交	jiāo	교류하다
358	布	bù	천, 선포하다
359	石	shí	돌
360	达 (達)	dá	도달하다, 통하다
361	步	bù	걸음, 단계
362	拉	lā	끌다
363	众 (衆)	zhòng	군중, 대중
364	省	shěng, xǐng	아끼다, 반성하다
365	风 (風)	fēng	바람, 소문
366	据 (據)	jù	점거, ~에 의하면
367	奸	jiān	간사, 교활하다
368	增	zēng	늘다, 증가하다
369	程	chéng	법칙, 여정
370	火	huǒ	불
371	团 (團)	tuán	단결하다, 단체
372	字	zì	글자
373	却	què	오히려, 도리어
374	油	yóu	기름
375	米	mǐ	쌀
376	委	wěi	위임하다, 위원
377	色	sè	색, 안색
378	式	shì	식, 모양, 공식
379	切	qiè	부합되다, 절박하다
380	望	wàng	바라보다, 원망
381	器	qì	그릇, 기계
382	办 (辦)	bàn	처리하다, 방법
383	群	qún	무리, 군중
384	观 (觀)	guān	보다, 경치
385	算	suàn	계산, 셈하다
386	调 (調)	diào, tiáo	어조, 고르다
387	母	mǔ	모친
388	土	tǔ	흙, 땅
389	较 (較)	jiào	비교, 비교하다
390	请 (請)	qǐng	청하다
391	元	yuán	처음의, 원
392	爱 (愛)	ài	사랑, 사랑하다
393	持	chí	가지다, 잡다
394	清	qīng	맑다, 분명하다
395	广 (廣)	guǎng	넓은, 큰
396	张 (張)	zhāng	열다, 보다

<table>
<tr><th>순서</th><th>한어 (번체자)</th><th>병음</th><th>뜻</th><th>순서</th><th>한어 (번체자)</th><th>병음</th><th>뜻</th></tr>
<tr><td>397</td><td>连（連）</td><td>lián</td><td>연결하다, ～도</td><td>430</td><td>克（剋）</td><td>kè</td><td>극복하다</td></tr>
<tr><td>398</td><td>压（壓）</td><td>yā</td><td>누르다, 억압하다</td><td>431</td><td>号（號）</td><td>hào</td><td>번호, 부르다</td></tr>
<tr><td>399</td><td>觉（覺）</td><td>jiào</td><td>잠자다, 느낌</td><td>432</td><td>京</td><td>jīng</td><td>수도</td></tr>
<tr><td>400</td><td>识（識）</td><td>shí</td><td>알다, 지식</td><td>433</td><td>转（轉）</td><td>zhuǎn</td><td>바꾸다, 돌리다</td></tr>
<tr><td>401</td><td>林</td><td>lín</td><td>숲</td><td>434</td><td>须（須）</td><td>xù</td><td>반드시</td></tr>
<tr><td>402</td><td>际（際）</td><td>jì</td><td>갈림길, 상호</td><td>435</td><td>半</td><td>bàn</td><td>절반, 반쯤의</td></tr>
<tr><td>403</td><td>举（舉）</td><td>jǔ</td><td>들다</td><td>436</td><td>习（習）</td><td>xí</td><td>연습하다, 습관</td></tr>
<tr><td>404</td><td>即</td><td>jí</td><td>설령～ 할지라도</td><td>437</td><td>青</td><td>qīng</td><td>푸르다, 풋것</td></tr>
<tr><td>405</td><td>死</td><td>sǐ</td><td>죽다, 그만두다</td><td>438</td><td>早</td><td>zǎo</td><td>이른, 일찍</td></tr>
<tr><td>406</td><td>专（專）</td><td>zhuān</td><td>전문적이다, 오로지</td><td>439</td><td>规（規）</td><td>guī</td><td>규칙, 규모</td></tr>
<tr><td>407</td><td>局</td><td>jú</td><td>형세, 판</td><td>440</td><td>验（驗）</td><td>yàn</td><td>경험, 조사하다</td></tr>
<tr><td>408</td><td>类（類）</td><td>lèi</td><td>종류, 분류</td><td>441</td><td>拿</td><td>ná</td><td>잡다, 파악하다</td></tr>
<tr><td>409</td><td>空</td><td>kōng</td><td>텅비다, 하늘, 공중</td><td>442</td><td>服</td><td>fú</td><td>의복, 복종하다</td></tr>
<tr><td>410</td><td>单（單）</td><td>dān</td><td>단독, 단일</td><td>443</td><td>节（節）</td><td>jié</td><td>기념일, 절기</td></tr>
<tr><td>411</td><td>权（權）</td><td>quán</td><td>권리, 권력</td><td>444</td><td>精</td><td>jīng</td><td>우수하다, 정신</td></tr>
<tr><td>412</td><td>毛</td><td>máo</td><td>깃, 대략적이다</td><td>445</td><td>树（樹）</td><td>shù</td><td>나무, 심다</td></tr>
<tr><td>413</td><td>师（師）</td><td>shī</td><td>스승, ～ 가, ～ 사</td><td>446</td><td>传（傳）</td><td>chuán</td><td>전하다, 전파하다</td></tr>
<tr><td>414</td><td>商</td><td>shāng</td><td>상의하다, 상인</td><td>447</td><td>备（備）</td><td>bèi</td><td>구비, 마련하다</td></tr>
<tr><td>415</td><td>孩</td><td>hái</td><td>소아, 어린이</td><td>448</td><td>钱（錢）</td><td>qián</td><td>돈, 동전</td></tr>
<tr><td>416</td><td>装（裝）</td><td>zhuāng</td><td>화장하다, 복장</td><td>449</td><td>技</td><td>jì</td><td>기술, 재능</td></tr>
<tr><td>417</td><td>批</td><td>pī</td><td>비판하다, 일단락</td><td>450</td><td>讲（講）</td><td>jiǎng</td><td>말하다, 설명하다</td></tr>
<tr><td>418</td><td>府</td><td>fǔ</td><td>관청, 댁</td><td>451</td><td>告</td><td>gào</td><td>말하다, 신고하다</td></tr>
<tr><td>419</td><td>找</td><td>zhǎo</td><td>찾다</td><td>452</td><td>德</td><td>dé</td><td>도덕, 마음</td></tr>
<tr><td>420</td><td>往</td><td>wǎng</td><td>가다, ～ 로 향해</td><td>453</td><td>参（參）</td><td>cān</td><td>참가하다</td></tr>
<tr><td>421</td><td>王</td><td>wáng</td><td>왕, 군주</td><td>454</td><td>斯</td><td>sī</td><td>여기, 즉</td></tr>
<tr><td>422</td><td>校</td><td>xiào</td><td>학교</td><td>455</td><td>具</td><td>jù</td><td>기구, 갖추다</td></tr>
<tr><td>423</td><td>该（該）</td><td>gāi</td><td>당연히～ 하다</td><td>456</td><td>织（織）</td><td>zhī</td><td>짜다, 뜨다</td></tr>
<tr><td>424</td><td>未</td><td>měi</td><td>아직</td><td>457</td><td>集</td><td>jí</td><td>모이다, 모으다</td></tr>
<tr><td>425</td><td>席</td><td>xí</td><td>좌석, 차지하다</td><td>458</td><td>病</td><td>bìng</td><td>병, 병나다</td></tr>
<tr><td>426</td><td>约（約）</td><td>yuē</td><td>약속하다, 계약</td><td>459</td><td>友</td><td>yǒu</td><td>친구, 친하다</td></tr>
<tr><td>427</td><td>照</td><td>zhào</td><td>비추다</td><td>460</td><td>谈（談）</td><td>tán</td><td>말하다, 이야기</td></tr>
<tr><td>428</td><td>易</td><td>yì</td><td>쉽다, 고치다</td><td>461</td><td>示</td><td>shì</td><td>가리키다, 알리다</td></tr>
<tr><td>429</td><td>神</td><td>shén</td><td>신</td><td>462</td><td>积（積）</td><td>jī</td><td>쌓다, 축적하다</td></tr>
</table>

순서	한어 (번체자)	병음	뜻
463	亚 (亞)	yà	아시아, 제 2의
464	复 (復,複)	fù	중복하다, 반복하다
465	厂 (廠)	chǎng	공장, 설비
466	越	yuè	넘다, 점점더
467	支	zhī	받치다, 버티다
468	婚	hūn	결혼하다, 혼인
469	历 (歷,曆)	lì	겪다, 경과하다
470	兵	bīng	병사, 군인
471	胜 (勝)	shèng	이기다, 우월하다
472	选 (選)	xuǎn	고르다, 선거하다
473	整	zhěng	완전하다, 정리하다
474	铁 (鐵)	tiě	철, 단단하다
475	势 (勢)	shì	세력, 상황
476	笑	xiào	웃음, 웃다
477	院	yuàn	뜰, 공공장소
478	板 (闆)	bǎn	판자
479	球	qiú	구, 공
480	河	hé	강
481	吗 (嗎)	ma	[의문조사]
482	除	chú	없애다, 제외하다
483	准 (準)	zhǔn	허가하다, 표준
484	况	kuàng	모양, 상황
485	影	yǐng	그림자, 사진
486	倒	dǎo	넘어지다, 망하다
487	若	ruò	～와 같다, 만약
488	格	gé	격, 격자
489	断 (斷)	duàn	자르다, 끊다
490	甚	shèn	몹시, 매우
491	速	sù	속도, 빠르다
492	言	yán	언어, 말
493	采	cǎi	따다, 뜯다, 고르다
494	哪	nǎ	어느, 왜
495	离 (離)	lí	분리하다, ～에서

순서	한어 (번체자)	병음	뜻
496	县 (縣)	xiàn	현, 지방행정구역
497	写 (寫)	xiě	(글씨를) 쓰다
498	台 (臺,颱)	tái	대, 단, 무대
499	古	gǔ	옛날, 오래되다
500	远 (遠)	yuǎn	멀다, 오래다
501	士	shì	총각, 지식인
502	感	gǎn	느끼다, 감정
503	般	bān	종류, 보통의
504	呀	ya	[어기조사]
505	低	dī	낮다, (키가) 작다
506	确 (確)	què	확실하다, 도리어
507	晚	wǎn	늦은, 저녁
508	害	hài	해, 해끼치다
509	细 (細)	xì	가늘다, 약하다
510	标 (標)	biāo	표지, 표시하다
511	兴 (興)	xīng	유행하다, 흥성하다
512	房	fáng	집, 주택, 방
513	游	yóu	헤엄치다, 떠돌다
514	消	xiāo	사라지다, 없애다
515	够	gòu	충분하다, 족하다
516	坐	zuò	앉다, 자리, 좌석
517	足	zú	발, 다리, 족하다
518	史	shǐ	역사, 사관
519	飞 (飛)	fēi	날다
520	注	zhù	붓다, 주석하다
521	紧 (緊)	jǐn	조이다, 긴장
522	食	shí	먹다, 음식
523	列	liè	배열하다, 줄
524	失	shī	잃다, 실수하다
525	候	hòu	기다리다, 살피다
526	周	zhōu	둘레, 주도하다
527	破	pò	찢어지다, 부수다
528	推	tuī	밀다, 추천하다

순서	한어 (번체자)	병음	뜻
529	温	wēn	따뜻하다, 온도
530	英	yīng	재능이 있는 사람
531	喜	xǐ	기뻐하다, 기쁨
532	片	piān	조각, 편
533	苏 (蘇)	sū	소생하다, 소련
534	首	shǒu	수도, 우두머리
535	价 (價)	jià	값, 가치
536	双 (雙)	shuāng	쌍, 양쪽의
537	赛 (賽)	sài	요새
538	证 (證)	zhèng	증거, 증명하다
539	木	mù	나무
540	角	jiǎo	각, 뿔, 각도
541	族	zú	민족, 족속
542	苦	kǔ	쓰다, 고통스럽다
543	引	yǐn	끌다, 잡아당기다
544	始	shǐ	시작하다
545	哥	gē	형
546	跟	gēn	뒤꿈치, ~ 와
547	念	niàn	읽다, 생각하다
548	故	gù	사고, 일부러
549	助	zhù	돕다
550	容	róng	용서하다, 용모
551	需	xū	필요로 하다, 수요
552	落	luò	떨어지다, 낙오되다
553	草	cǎo	풀, 잔디
554	项 (項)	xiàng	항목
555	功	gōng	공로, 성과
556	送	sòng	보내다
557	巴	bā	바라다, [접미사]
558	船	chuán	배, 선박
559	罢 (罷)	bà	그만두다, 면직하다
560	鱼 (魚)	yú	물고기
561	虽 (雖)	suī	비록~ 라도

순서	한어 (번체자)	병음	뜻
562	音	yīn	음, 발음
563	试 (試)	shì	양식, 모양
564	包	bāo	싸다, 꾸러미
565	洋	yáng	성대하다, 외국의
566	怕	pà	무서워하다
567	似	sì	닮다, ~ 같다
568	养 (養)	yǎng	기르다, 낳다
569	满 (滿)	mǎn	만족하다, 차다
570	防	fáng	막다, 방어
571	红 (紅)	hóng	붉다
572	修	xiū	수리하다, 수양
573	田	tián	밭, 논
574	妇 (婦)	fù	부녀자, 여자
575	银 (銀)	yín	은
576	城	chéng	성, 성벽
577	职 (職)	zhí	직무
578	止	zhǐ	정지하다, 멈추다
579	希	xī	바라다, 희망
580	查	chá	조사하다, 검사
581	江	jiāng	강
582	站	zhàn	정류장, 서다
583	村	cūn	마을, 동네
584	曾	céng	일찌기, 이미
585	黑	hēi	검은
586	段	duàn	단계, 단락
587	随 (隨)	suí	따르다, 순종하다
588	费 (費)	fèi	비용, 소비하다
589	黄	huáng	금색, 노란
590	父	fù	아버지
591	续 (續)	xù	계속하다, 잇다
592	乐 (樂)	lè, yào, yuè	즐겁다, 음악
593	块 (塊)	kuài	덩어리
594	买 (買)	mǎi	사다

순서	한어 (번체자)	병음	뜻
595	衣	yī	옷, 의복
596	形	xíng	형태, 형성하다
597	状 (狀)	zhuàng	상태, 형용하다
598	视 (視)	shì	보다, 시력
599	愿 (願)	yuàn	소원, 원하다
600	投	tóu	던지다, 투입하다
601	司	sī	주관하다, 국, 부
602	欢 (歡)	huān	즐겁다, 기쁘다
603	效	xiào	효과, 효능
604	响 (響)	xiǎng	소리, 울리다
605	刻	kè	새기다, 시각
606	存	cún	존재하다, 있다
607	尽 (盡)	jǐn	다하다, 되도록
608	跑	pǎo	달리다, 도망하다
609	坚 (堅)	jiān	단단하다, 굳다
610	差	chā, chà	차이점, 다르다
611	滑	huá	미끄럽다
612	武	wǔ	무, 군사
613	纪 (紀)	jì	질서, 기록하다
614	围 (圍)	wéi	둘러싸다, 둘레
615	阿	ā	친족 관계의 호칭
616	层 (層)	céng	층계, 계단
617	划 (劃)	huá, huà	노 젓다, 계획하다
618	企	qǐ	기업, 기획하다
619	客	kè	손님, 접대하다
620	底	dǐ	밑, 바닥, 기초
621	屋	wū	집, 가옥
622	阳 (陽)	yáng	태양, 양
623	律	lǜ	법률, 율법
624	妈 (媽)	mā	엄마
625	派	pài	파견하다, 내보내다
626	啊	ā, á, ǎ, à	[감탄사]
627	护 (護)	hù	보호하다, 옹위하다
628	施	shī	시행하다, 베풀다
629	富	fù	부유하다, 재산
630	像	xiàng	닮다, 형상
631	留	liú	남다, 체류하다
632	让 (讓)	ràng	양보, 양보하다
633	敌 (敵)	dì	적, 적군
634	吧	bā, ba	툭툭, [접미사]
635	供	gòng	바치다, 제물
636	皮	pí	피부, 살갗
637	维 (維)	wéi	매다, 묶어놓다
638	值	zhí	가치, 값
639	既	jì	이미, 벌써
640	例	lì	예, 보기
641	急	jí	조급하다, 서두르다
642	弟	dì	동생, 아우
643	答	dá	대답, 답하다
644	严 (嚴)	yān	엄격하다
645	轮 (輪)	lùn	수레차, 바퀴
646	孔	kǒng	구멍, 공자
647	击 (擊)	jī	공격, 격파하다
648	款	kuǎn	성실하다, 조항
649	息	xī	휴식, 숨쉬다
650	扬 (揚)	yáng	게양하다, 올리다
651	叶 (葉)	yè	잎
652	轻 (輕)	qīng	젊다, 가벼운
653	朝	cháo	아침, ～을 향해
654	率	shuài	통솔하다, 이끌다
655	责 (責)	zé	책임, 부담
656	营 (營)	yíng	경영하다, 병영
657	雨	yǔ	비, 비오다
658	监 (監)	jiān	감독하다, 감옥
659	忙	máng	바쁘다
660	称 (稱)	chēng	부르다, 명칭

순서	한어 (번체자)	병음	뜻
661	继 (繼)	jì	계승하다
662	固	gù	튼튼하다, 굳이
663	渐 (漸)	jiàn	점차, 점점
664	医 (醫)	yī	의학, 의사
665	良	liáng	좋다, 훌륭하다
666	初	chū	처음의, 최초의
667	刀	dāo	칼, 자르다
668	星	xīng	별
669	按	àn	누르다, ~에 따라
670	坏 (壞)	huài	붕괴하다, 무너지다
671	帝	dì	제왕, 제국
672	负 (負)	fù	부담, 책임지다
673	待	dài	대기하다, 접대하다
674	姑	gū	고모, 시누이
675	夜	yè	밤
676	属 (屬)	shǔ	같은 종류, 속
677	密	mì	꿀, 비밀
678	简 (簡)	jiǎn	간단하다, 단순하다
679	排	pái	배열하다
680	均	jūn	균일하다, 모두
681	显 (顯)	xiǎn	분명하다, 보이다
682	旧 (舊)	jiù	옛날의, 이전의
683	啦	lā	와르르, 팍
684	谁 (誰)	shuǐ	누구
685	尺	chǐ	척, 길이의 단위
686	云 (雲)	yún	말하다, 구름
687	副	fù	부, 들어맞다
688	男	nán	남자
689	致 (緻)	zhì	주다, 초래하다
690	适 (適)	shì	적합하다, 마침
691	协 (協)	xié	협조하다, 돕다
692	靠	kào	의지하다, ~따라
693	艺 (藝)	yì	예술, 기술

순서	한어 (번체자)	병음	뜻
694	脚	jiǎo	발, 다리
695	换	huàn	교환하다, 바꾸다
696	配	pèi	배합하다, 배치하다
697	宽 (寬)	kuān	넓다, 폭, 너비
698	追	zhuī	쫓다, 추구하다
699	洲	zhōu	주
700	久	jiǔ	낡은, 오래된
701	财 (財)	cái	재산, 부
702	免	miǎn	면제하다, 면하다
703	旅	lǚ	여행하다
704	错 (錯)	cuò	착오, 틀리다
705	姐	jiě	언니
706	归 (歸)	guī	돌아가다
707	令	lìng	명령하다
708	余 (餘)	yú	남다
709	读 (讀)	dú	읽다
710	创 (創)	chuàng	만들다, 창조하다
711	置	zhì	놓다, 배치하다
712	益	yì	이익, 이롭다
713	穿	chuān	걸치다, 입다
714	端	duān	항목, 끝
715	抗	kàng	저항하다
716	独 (獨)	dú	단독, 혼자
717	某	mǒu	어느, 아무
718	判	pàn	나누다, 분별하다
719	闻 (聞)	wén	듣다, 견문
720	敢	gǎn	용기가 있다, 감히
721	午	wǔ	오후
722	冷	lěng	춥다, 썰렁하다
723	材	cái	재료
724	春	cūn	봄
725	守	shòu	지키다
726	虫 (蟲)	chóng	벌레, 곤충

순서	한어 (번체자)	병음	뜻
727	仅 (僅)	jǐn	겨우, 간신히
728	态 (態)	tài	태도, 자세
729	圆 (圓)	yuán	둥글다, 원만하다
730	岁 (歲)	suì	나이
731	预 (預)	yù	예정, 예보하다
732	宣	xuān	선언하다, 선포
733	略	lüè	간단하다, 대략
734	源	yuán	수원, 근원
735	素	sù	흰색, 요소
736	矿 (礦)	kuàng	광물, 광산
737	充	chōng	충만하다, 충분하다
738	刚 (剛)	gāng	단단하다, 바로
739	语 (語)	yǔ	언어, 말
740	左	zuǒ	왼쪽
741	考	kǎo	고려하다
742	仍	réng	따르다, 아직도
743	恩	ēn	은혜
744	烟	yān	연기, 담배
745	构 (構)	gòu	구성하다, 짜다
746	乡 (鄉)	xiāng	고향
747	酒	jiǔ	술
748	付	fù	교부하다, 부치다
749	画 (畵)	huà	그림, 그리다
750	座	zuò	자리, 좌석
751	君	jūn	군주, 당신
752	逐	zhú	쫓다, 따르다
753	卖 (賣)	mài	팔다, 판매하다
754	卫 (衛)	wèi	지키다
755	跳	tiào	뛰다, 도약하다
756	绝	jué	끊다, 단절하다
757	朋	péng	벗, 동무
758	降	jiàng	떨어지다, 내리다
759	李	lǐ	자두나무, 성씨
760	占	zhān	점치다
761	汽	qì	증기, 김
762	药 (藥)	yào	약
763	货 (貨)	huò	돈, 화폐, 화물
764	救	jiù	구하다, 도움, 구원
765	另	lìng	다른, 달리
766	获 (獲)	huò	잡다, 얻다
767	微	wēi	작다, 미약하다
768	伤 (傷)	shāng	상처, 상하다
769	奇	jì	부치다
770	减	jiǎn	빼다, 줄이다
771	策	cè	책략, 정책
772	句	jù	구, 어구
773	赶 (趕)	gǎn	뒤쫓다, 마침~하다
774	承	chéng	받다, 계승하다
775	州	zhōu	주, 자치주
776	终 (終)	zhōng	끝나다, 결국
777	娘	niáng	어머니, 딸
778	案	àn	탁자, 공문서
779	诉 (訴)	sù	알리다, 호소하다
780	右	yòu	우측, 오른쪽
781	依	yī	의지하다, 기대다
782	短	duǎn	짧다, 부족하다
783	察	chá	조사하다
784	芬	fēn	향기, 냄새
785	优 (優)	yōu	뛰어나다, 훌륭하다
786	杂 (雜)	zá	잡다하다, 섞다
787	波	bō	파도, 물결
788	居	jū	살다, 거주하다
789	爷 (爺)	yé	부친, 주인 어른
790	限	xiàn	한도, 한계
791	呼	hū	숨을 내쉬다
792	停	tíng	서다, 멈추다

순서	한어 (번체자)	병음	뜻
793	互	hù	서로
794	章	zhāng	단락, 조목
795	纸 (紙)	zhǐ	종이
796	封	fēng	봉하다, 봉투
797	央	yāng	간청하다, 부탁하다
798	脸 (臉)	liǎn	얼굴
799	普	pǔ	보편적, 일반적
800	瓶	píng	병
801	演	yǎn	연습하다, 공연하다
802	室	shì	방, 실
803	背	bēi	업다, 짊어지다
804	饭 (飯)	fàn	밥, 식사
805	借 (籍)	jiè	빌다, 빌려주다
806	顶 (頂)	dǐng	꼭대기, 정상
807	肯	kěn	동의하다, 수긍하다
808	乱 (亂)	luàn	혼란하다, 전쟁
809	班	bān	반, 조, 근무
810	诸 (諸)	zhū	많은, 모두, 여러
811	床	chuáng	침대
812	乎	hū	의문, 반문의 뜻
813	善	shàn	착하다, 어질다
814	环 (環)	huán	고리, 둘러싸다
815	您	nín	당신의 존칭
816	困 (睏)	kùn	고생하다, 곤란하다
817	吸	xī	흡수하다, 호흡하다
818	假	jiǎ, jià	거짓의, 만약, 휴가
819	齐 (齊)	qí	가지런하다
820	福	fú	복, 행복
821	慢	màn	느리다, 늦추다
822	血	xiě	피
823	激	jī	물결이 일다
824	毫	háo	호방하다
825	担 (擔)	dān	일을 맡다, 지다

순서	한어 (번체자)	병음	뜻
826	桥 (橋)	qiáo	다리, 교량
827	讨 (討)	tǎo	토론하다, 연구하다
828	凭 (憑)	píng	기대다, 의거하다
829	印	yìn	도장, 인쇄하다
830	钟 (鍾, 鐘)	zhōng	종, 시계, 시
831	鲜 (鮮)	xiān	신선하다, 선명하다
832	掉	diào	떨어지다, 빠뜨리다
833	零	líng	영세하다, 우수리
834	章	zhāng	문장, 조목
835	怪	guài	이상하다, 매우
836	戏 (戲)	xì	놀이, 장난, 연극
837	述	shù	진술하다, 말하다
838	汉 (漢)	hàn	한나라, 한족
839	尼	ní	비구니, 여승
840	含	hán	물다, 머금다
841	散	sàn	흩어지다, 분산하다
842	杀 (殺)	shā	죽이다
843	恶 (惡)	è	악하다, 나쁘다
844	斤	jīn	근, 도끼
845	肉	ròu	고기, 살
846	肆	sì	멋대로 하다
847	牛	niú	소, 고집이 세다
848	模	mó	본보기, 모방하다
849	液	yè	액체, 액
850	罪	zuì	죄, 범죄, 잘못
851	评 (評)	píng	평가하다
852	检 (檢)	jiǎn	검사하다, 조사하다
853	范 (範)	fàn	모형, 본보기
854	晴	qíng	날씨가 개다
855	亦	yì	～도 역시
856	茶	chá	차
857	香	xiāng	향기롭다, 향기
858	访 (訪)	fǎng	방문하다

순서	한어 (번체자)	병음	뜻
859	射	shè	발사하다, 내뿜다
860	烧 (燒)	shāo	태우다, 불사르다
861	灯 (燈)	dēng	등불, 등
862	兰 (蘭)	lán	난초
863	少	shǎo	적다, 부족하다
864	针 (針)	zhēn	바늘, 주사
865	罗 (羅)	luó	그물, 진열하다
866	旁	páng	옆, 곁
867	替	tì	대신하다, ~때문에
868	脑 (腦)	nǎo	뇌, 우두머리
869	输 (輸)	shū	운송하다, 나르다
870	烈	liè	열렬하다, 심하다
871	练 (煉)	liàn	연습하다, 단련하다
872	境	jìng	경계, 경지
873	努	nǔ	노력하다, 힘쓰다
874	径	jìng	좁은길, 곧
875	升	shēng	오르다, 뜨다
876	钢 (鋼)	gāng	강철
877	哭	kū	울다
878	突	tū	돌파하다, 갑자기
879	恐	kǒng	두려워하다
880	贵 (貴)	guì	귀하다
881	植	zhí	심다, 재배하다
882	粉	fěn	가루, 분
883	酸	suān	산, 맛이 시다
884	削	xiāo	깎다, 삭감하다
885	丝 (絲)	sī	생사, 견, 조금
886	误 (誤)	wù	틀리다, 잘못되다
887	野	yě	교외, 야생의
888	礼 (禮)	lǐ	예절
889	巷	xiàng	골목
890	冲 (衝)	chōng	충돌하다, 마주치다
891	测 (測)	cè	측량하다
892	麦 (麥)	mài	보리, 맥곡
893	露	lù	이슬, 나타나다
894	否	fǒu	부정하다
895	登	dēng	올라가다
896	危	wēi	위험하다
897	搞	gǎo	하다, 만들다
898	歌	gē	노래
899	亮	liàng	밝다
900	欧	ōu	유럽
901	痛	tòng	아프다, 슬퍼하다
902	唱	chàng	부르다, 노래하다
903	玩	wán	즐기다, 놀다
904	肥	féi	살찌다, 비료
905	超	chāo	넘다, 초과하다
906	菜	cài	채소, 요리
907	攻	gōng	공격하다
908	鼓	gǔ	북, 악기를 타다
909	退	tuì	물러나다, 감소하다
910	藏	zàng	창고, 경전
911	谢 (謝)	xiè	감사하다
912	哈	hā	하하, 입김을 불다
913	暗	àn	어둡다, 암울하다
914	缺	quē	모자라다, 결석하다
915	户	hù	문, 가문
916	迎	yíng	맞이하다
917	堂	táng	안방, 대청, 응접실
918	训 (訓)	xùn	타이르다, 훈계
919	陈 (陳)	chén	벌여놓다, 낡다
920	敬	jìng	공경하다
921	馆 (館)	guǎn	집, 택
922	险 (險)	xiǎn	험하다, 위험하다
923	妹	mèi	여동생
924	移	yí	움직이다, 이사하다

순서	한어 (번체자)	병음	뜻
925	弹 (彈)	tán	악기를 치다, 탄력
926	景	jǐng	경치, 배경
927	顾 (顧)	gù	보살피다, 돌아보다
928	课 (課)	kè	수업, 강의
929	惊 (驚)	jǐng	경계하다, 경찰
930	播	bō	발송하다, 방송하다
931	挥 (揮)	huī	휘두르다, 흔들다
932	熟	shú	익다, 잘 알다
933	票	piào	표, 지폐
934	夺 (奪)	duó	탈취하다, 빼앗다
935	培	péi	배양하다
936	棉	mián	목화, 면화
937	夏	xià	여름
938	灭 (滅)	miè	불이 꺼지다
939	抓	zhuā	잡다, 쥐다
940	味	wèi	맛, 맛보다
941	松 (鬆)	sōng	소나무
942	掌	zhǎng	손바닥, 장악하다
943	架	jià	싸우다
944	静	jìng	조용하다, 고요하다
945	曲	qū, qǔ	굽다, 곡, 노래
946	粮 (糧)	liáng	양식, 곡식
947	束	shù	묶다, 속박하다
948	赞 (讚)	zàn	돕다, 찬성하다
949	犯	fàn	범하다
950	忽	hū	갑자기, 홀연
951	编 (編)	biān	엮다, 짜다
952	异	yì	다르다, 이상하다
953	翻	fān	뒤집다, 펼치다
954	促	cù	급하다, 재촉하다
955	套	tào	덮개, 덧씌우다
956	脱	tuō	벗다, 빠지다
957	鼠	shǔ	쥐
958	祖	zǔ	조상, 선조
959	尚	shàng	존중하다, 아직
960	尤	yóu	더우기, 특별하다
961	嘴	zuǐ	입, 주둥이
962	础 (礎)	chǔ	기초, 초석
963	伟 (偉)	wěi	위대하다, 웅장하다
964	骨	gǔ	뼈, 기골
965	潮	cháo	조수, 습기차다
966	载	zài	싣다, 적재하다
967	威	wēi	위엄, 존엄
968	阵 (陣)	zhèn	진영, 탕, 번
969	闹 (鬧)	nào	시끄럽다, 떠들다
970	园 (園)	yuán	밭, 공공장소
971	磨	mò	맷돌, 갈다
972	玉	yù	옥, 깨끗하다
973	鸡 (鷄)	jī	닭
974	侵	qīn	침입하다
975	竟	jìng	마치다, 끝내다
976	概	gài	대체적, 일률적으로
977	抵	dǐ	저항하다, 맞먹다
978	季	jì	계절, 절기
979	执 (執)	zhí	잡다, 쥐다
980	冬	dōng	겨울, 춥다
981	核	hé, hú	씨, 핵
982	补 (補)	bǔ	보충하다, 깁다
983	孙 (孫)	sūn	손자, 후손
984	遇	yù	만나다, 상봉하다
985	兄	xiōng	형
986	辨	biàn	분별하다
987	弄	nòng	만지다, 다루다
988	迅 (迅)	xùn	신속하다, 빠르다
989	丰 (豊)	fēng	풍부하다
990	顺 (順)	shùn	따르다, 차례로

순서	한어 (번체자)	병음	뜻
991	宝 (寶)	bǎo	보물, 진귀한
992	庄 (莊)	zhuāng	마을, 촌락
993	永	yǒng	영원한
994	毒	dú	독, 마약, 해독
995	托	tuō	받치다, 부탁하다
996	睡	shuì	잠자다
997	枝	zhī	가지, 나뭇가지
998	洞	dòng	구멍, 동굴
999	录 (錄)	lù	녹음하다
1000	港	gǎng	항구

중국어 간체자 쓰기연습 330

초 판 발 행	1997년 5월 5일
1 판 1 3 쇄	2017년 9월 5일

엮은이	편집부
펴낸이	엄태상
책임 편집	최미진, 전유진, 가석빈, 박은경, 高霞, 하다능
디자인	진지화
마케팅	이상호, 오원택, 이승욱, 전한나, 왕성석
온라인 마케팅	김마선, 심유미, 유근혜

펴낸곳	시사중국어사
주소	서울시 종로구 자하문로 300 시사빌딩
주문 및 교재문의	1588-1582
팩스	(02)3671-0500
홈페이지	www.sisabooks.com
이메일	sisachinabook@hanmail.net
등록일자	1988년 2월 13일
등록번호	제1 - 657호

ISBN 978-89-7364-088-1 13720